Curso

*La diferencia entre aprobar
y sacar plaza*

Auxiliar de Clínica

DIPUTACIÓN PROVINCIAL DE SEVILLA

Si aún no dispones de tu **Curso MAD360**, te ofrecemos un acceso GRATIS de 30 días para que disfrutes de los siguientes recursos:

- Técnicas de Memoria 360.
- MADTEST: Test *online* Nivel PRO.
- Temario en formato digital.
- Vídeos.
- Planificación de estudio.
- Foro entre opositores hasta la fecha del examen.*
- Recursos y novedades exclusivas.
- Consúltanos sobre tu oposición y proceso selectivo.
- Actualizaciones legislativas (Boletines Oficiales) hasta 60 días antes de la fecha del examen.*

Para acceder a esta prueba del Curso MAD360** será necesaria la compra de todos los libros para esta especialidad de la edición 2025.

Regístrate en **mad.es/iniciar-sesion** y en la pestaña MIS CURSOS valida los códigos que encuentras en la última página de tus libros.

NOTA IMPORTANTE:

* Examen de esta categoría profesional correspondiente a la convocatoria publicada en el BOP de Sevilla n.º 163, de 26 de agosto de 2025, o hasta el 31 de octubre de 2026, lo que se cumpla antes, y previa renovación del servicio.

** El acceso al CURSO MAD360 estará disponible desde octubre de 2025 (algunos recursos podrían estar disponibles en fecha posterior). Tendrá una duración de 30 días RENOVABLES mediante pago, desde la validación de códigos, o hasta el 30 de abril de 2027, lo que se cumpla antes.

MAD se reserva el derecho a ampliar dichas fechas.

Auxiliar de Clínica de la Diputación Provincial de Sevilla

Octubre, 2025

Auxiliar de Clínica de la Diputación Provincial de Sevilla

Test del temario

Autores

HERMINIA ANDRADES ROMERO
Diplomada en Fisioterapia

M.ª DEL CARMEN SILVA GARCÍA
Diplomada Universitaria en Enfermería

JUAN MANUEL GIL RAMOS
Licenciado en Medicina

LIDIA PONCE MARTÍNEZ
Licenciada en Psicología

© 7 Editores Recursos para la Cualificación Profesional y el Empleo, S.L. (7 Editores)
© Los autores
Primera edición, octubre 2025 (228 páginas)
Derechos de edición reservados a favor de 7 Editores
IMPRESO EN ESPAÑA
Diseño Portada: 7 Editores
Edita: 7 Editores
Avda. San Francisco Javier, 9 · Edificio Sevilla 2 · Planta 11 · Módulos 25-27 · 41018 Sevilla
Teléfono: 954 784 411 · WEB: www.mad.es · e-mail: administracion@7editores.com
ISBN: 979-13-702-8110-6
© "Editorial Mad" y "Eduforma" son nombres comerciales registrados de
7 Editores Recursos para la Cualificación Profesional y el Empleo, S.L.

Índice

MATERIAS COMUNES

TEST N.º 1

La Constitución española de 1978: estructura. Los derechos y deberes fundamentales

1. ¿En qué se fundamenta la Constitución Española?

a) En un Estado social y democrático de Derecho.
b) En la indisoluble unidad de la Nación española.
c) En la independencia de los poderes del Estado.
d) En la organización territorial del Estado.

2. Según el artículo 3 de la CE, el castellano es la lengua oficial del Estado y todos los españoles:

a) Tienen el deber de usar y el derecho de conocer el castellano.
b) Tienen el derecho y el deber de conocer el castellano.
c) Tienen el deber de conocer y el derecho de usar el castellano.
d) Tienen el derecho de conocer y usar el castellano.

3. La Constitución Española reconoce y garantiza el derecho a la autonomía:

a) De las nacionalidades que la integran.
b) De las regiones que la integran.
c) De las Comunidades Autónomas que la integran.
d) De las nacionalidades y regiones que la integran.

4. El Preámbulo de la Constitución:

a) Tiene en sí carácter de norma jurídica.
b) Es una declaración de intenciones, destinada a interpretar lo que se quiere alcanzar con el contenido normativo de la Constitución.
c) Se trata de un texto sin fuerza jurídica de obligar.
d) Las respuestas b) y c) son correctas.

5. Señala la respuesta correcta respecto de la aprobación, ratificación y publicación de la Constitución Española:

a) Aprobada por las Cortes el 31 de octubre de 1978, ratificada por el pueblo en referéndum el 6 de diciembre de 1978 y publicada el 29 de diciembre de 1978.

b) Aprobada por las Cortes el 30 de octubre de 1978, ratificada por el pueblo en referéndum el 16 de diciembre de 1978 y publicada el 27 de diciembre de 1978.

c) Aprobada por las Cortes el 31 de octubre de 1978, ratificada por el pueblo en referéndum el 16 de diciembre de 1978 y publicada el 29 de diciembre de 1978.

d) Aprobada por las Cortes el 10 de octubre de 1978, ratificada por el pueblo en referéndum el 26 de diciembre de 1978 y publicada el 30 de diciembre de 1978.

6. ¿En qué parte de la Carta Magna se establece la exposición de motivos que impulsan la norma constitucional y los objetivos que con ella se pretenden alcanzar?

a) En el Título Preliminar.
b) En el Preámbulo.
c) En el Título I.
d) En el Título II.

7. La Constitución Española fue sancionada por:

a) El Rey.
b) El Presidente del Congreso.
c) Las Cortes Generales.
d) El Presidente del Gobierno.

8. ¿Cuáles de los siguientes españoles de origen pueden ser privados de su nacionalidad?

a) Exclusivamente los miembros de grupos terroristas.
b) Los miembros de grupos terroristas y los que atenten contra el Rey u otro miembro de la Casa Real.
c) Los que atenten contra un miembro de la Familia Real o del Gobierno de la Nación.
d) Ningún español de origen podrá ser privado de su nacionalidad.

9. Según la CE son fundamentos del orden político y la paz social:

a) La dignidad de la persona, los derechos violables que les son inherentes y el respeto a la ley.
b) La dignidad de la persona, el desarrollo limitado de la personalidad y el respeto a la ley.
c) El respeto a la ley, a los reglamentos administrativos y demás disposiciones legales.
d) La dignidad de la persona, los derechos inviolables que le son inherentes, el libre desarrollo de su personalidad, el respeto a la ley y a los derechos de los demás.

10. ¿Cuál de los siguientes es considerado por la CE como uno de los valores superiores del ordenamiento jurídico?

a) La jerarquía normativa.
b) El pluralismo político.
c) La publicidad normativa.
d) La equidad.

11. La forma política del Estado español es:

a) Democracia parlamentaria.
b) Gobierno parlamentario.
c) Monarquía parlamentaria.
d) República democrática.

12. La parte de la CE que regula la estructura de los principales órganos del Estado recibe el nombre de:

a) Parte dogmática.
b) Parte orgánica.
c) Parte estatal.
d) Parte estructural.

13. Según la CE, la soberanía nacional:

a) Corresponde a las Cortes Generales, al estar compuestas por los representantes del pueblo.
b) Corresponde al Rey.
c) Reside en el pueblo español.
d) Corresponde al Gobierno de la Nación elegido directamente por el pueblo.

14. El derecho a la propiedad en nuestra Constitución es un Derecho:

a) Inherente a la condición humana.
b) Absoluto.
c) Limitado por la función social de la misma.
d) Ninguna de las respuestas anteriores es correcta.

15. ¿En qué parte de la Carta Magna se señalan los valores superiores del ordenamiento jurídico?

a) En el Preámbulo.
b) En el Título Preliminar.
c) En el Título I.
d) Ninguna respuesta es correcta.

16. ¿Cuál de las siguientes es una de las características de nuestra Constitución de 1978?

a) Consensuada.
b) Corta.
c) Conservadora.
d) Originalidad.

17. Son el fundamento del orden político y de la paz social:

a) El libre desarrollo de la personalidad.
b) Los derechos inviolables que les son inherentes.
c) El respeto a la ley y a los derechos de los demás.
d) Todas las respuestas son correctas.

18. Según la Constitución, una norma que imponga una nueva pena más leve para un delito:

a) No se aplica retroactivamente.
b) Puede aplicarse retroactivamente.
c) Ha de ser reglamentaria.
d) Atenta contra el principio de legalidad penal si se aplica retroactivamente.

19. Todos los españoles, respecto al castellano, tienen el:

a) Derecho-deber de conocerlo.
b) Derecho de usar y deber de conocerlo.
c) Derecho-deber de usarlo.
d) Nada de lo anterior.

20. La capital del Estado en España es:

a) La propia de cada Comunidad Autónoma.
b) La villa de Madrid.
c) Aquella donde se establezca en cada momento el Gobierno de la Nación.
d) Aquella en la que resida generalmente el Rey.

21. El Título de la Constitución que trata de la reforma constitucional es el:

a) Primero.
b) Décimo.
c) Noveno.
d) Undécimo.

22. El Defensor del Pueblo se regula en el siguiente Título y Capítulo de la Constitución, respectivamente:

a) Preliminar y 1.º
b) Segundo y 4.º
c) Segundo y 3.º
d) Primero y 4.º

23. El Título de la misma que trata del Gobierno y la Administración es el:

a) Tercero.
b) Cuarto.
c) Quinto.
d) Sexto.

24. Los principios rectores de la política social y económica se regulan en el siguiente Capítulo y Título de la Constitución:

a) Segundo del Primero.
b) Tercero del Primero.
c) Tercero del Preliminar.
d) Primero del Séptimo.

25. El pluralismo político, para nuestra Constitución, es un/una:

a) Principio General del ordenamiento político.
b) Valor superior del ordenamiento jurídico.
c) Principio rector de la política social y económica.
d) Derecho fundamental.

26. La forma política del Estado español es:

a) Unitaria y regionalizada.
b) Federal.
c) La Monarquía Parlamentaria.
d) La propia de un Estado Social y Democrático.

27. La justicia, según nuestra Constitución, es un/una:

a) Principio de nuestro ordenamiento jurídico.
b) Valor superior del anterior.
c) Manifestación del Estado democrático.
d) Todo lo anterior.

28. Constituye el fundamento del orden público y de la paz social, según la Constitución, el/la/los:

a) Derechos inviolables inherentes a la persona.
b) Estado social y democrático de Derecho.
c) Seguridad jurídica.
d) Justicia.

29. Las Comunidades Autónomas deben usar o instalar la bandera española:

a) En sus edificios.
b) En los actos oficiales.
c) Cuando lo solicite el Delegado del Gobierno de la Nación en las mismas.
d) Cuando lo estimen oportuno.

30. Deben tener una estructura interna y un funcionamiento democrático los/las:

a) Partidos Políticos.
b) Colegios Profesionales.
c) Organizaciones Profesionales.
d) Todos ellos.

31. La defensa de la integridad territorial de España se atribuye por la Constitución a/al/a las:

a) Fuerzas y Cuerpos de Seguridad.
b) Fuerzas Armadas.
c) Gobierno de la Nación.
d) Todas las anteriores.

32. El Título de la Constitución que trata de las relaciones entre el Gobierno y las Cortes Generales es el:

a) Cuarto.
b) Quinto.
c) Sexto.
d) Tercero.

33. La Constitución entró en vigor:

a) Al día siguiente de su publicación en el Boletín Oficial del Estado.
b) El 27 de diciembre de 1978.
c) El 29 de diciembre de 1978.
d) Al ser aprobada en la sesión conjunta por el Congreso de los Diputados y el Senado.

34. Según la Constitución, el Estado es:

a) Apolítico.
b) Aconfesional.
c) De bienestar social.
d) Federal.

35. El derecho a la vida se consagra en el siguiente artículo de la Constitución:

a) 10.
b) 16.
c) 15.
d) 24.

36. La pena de muerte en España:

a) Ha quedado abolida.
b) Puede aplicarse en cualquier momento.
c) Solo se aplicará, en tiempo de guerra, a los militares.
d) Rige solo en el ámbito civil.

37. La inmediata puesta a disposición judicial derivada del habeas corpus, se produce por:

a) Detención ilegal.
b) Prisión ilegal.
c) Prisión preventiva.
d) Detención preventiva.

38. El proceso en el que se enjuicie a un presunto delincuente debe:

a) Ser sumario.
b) No dilatarse.
c) Entorpecer los instrumentos probatorios.
d) Nada de lo anterior es cierto.

39. La entrada en un domicilio en caso de flagrante delito, sin autorización de su titular:

a) Puede dar lugar a la aplicación del habeas corpus.
b) Requiere autorización previa de la autoridad judicial.
c) Puede efectuarse en todo momento.
d) No puede realizarse en momento alguno.

40. Cuando, al conocerse la comisión de un delito por una persona, se acude a su domicilio para detenerla:

a) Está obligada a franquear la entrada.
b) Se necesitará autorización judicial para entrar, si no da su consentimiento para ello.
c) Pese a que no dé su consentimiento, se puede entrar.
d) Nada de lo anterior es correcto.

41. El tipo de sufragio que consagra la Constitución es el:

a) Proporcional.
b) Universal.
c) Censitario.
d) Las respuestas a) y b) son correctas.

42. Además de la no autoinculpación, la Constitución prevé que no se está obligado a declarar sobre un hecho presuntamente delictivo en caso de:

a) Parentesco y afinidad.
b) Cláusula de conciencia.
c) Secreto profesional.
d) Las respuestas a) y b) son correctas.

43. ¿Qué artículos de nuestra Constitución Española se dedican a la reforma constitucional?

a) Los artículos 166 a 169.
b) Los artículos 160 a 166.
c) Los artículos 58 a 107.
d) Los artículos 13 a 21.

44. Los Tribunales de Honor están prohibidos respecto de los/la/las:

a) Sindicatos y Organizaciones Profesionales.
b) Administración Civil y Militar.
c) Organizaciones Profesionales y la Administración Civil.
d) Todas las respuestas anteriores son correctas.

45. El secreto profesional, constitucionalmente, sirve para:

a) Ejercer con libertad una profesión titulada.
b) La libertad de creación científica y técnica.
c) No declarar sobre hechos presuntamente delictivos.
d) Todo lo anterior.

46. La fundación de una Internacional Sindical por un sindicato español:

a) Es libre.
b) Está prohibida.
c) Debe plasmarse en un Tratado Internacional.
d) Nada de lo anterior es cierto.

47. El ejercicio del derecho de petición a través de una manifestación ciudadana:

a) No se admite.
b) Se admite en algún caso.
c) Se admite, salvo para los militares.
d) Ni se admite ni se prohíbe.

48. Nuestro sistema tributario ha de ser:

a) Regresivo e igualitario.
b) Progresivo y generalizado.
c) Confiscatorio.
d) Justo y regresivo.

Solución al test n.º 1

1. b) En la indisoluble unidad de la Nación española.

2. c) Tienen el deber de conocer y el derecho de usar el castellano.

3. d) De las nacionalidades y regiones que la integran.

4. d) Las respuestas b) y c) son correctas.

5. a) Aprobada por las Cortes el 31 de octubre de 1978, ratificada por el pueblo en referéndum el 6 de diciembre de 1978 y publicada el 29 de diciembre de 1978.

6. b) En el Preámbulo.

7. a) El Rey.

8. d) Ningún español de origen podrá ser privado de su nacionalidad.

9. d) La dignidad de la persona, los derechos inviolables que le son inherentes, el libre desarrollo de su personalidad, el respeto a la ley y a los derechos de los demás.

10. b) El pluralismo político.

11. c) Monarquía parlamentaria.

12. b) Parte orgánica.

13. c) Reside en el pueblo español.

14. c) Limitado por la función social de la misma.

15. b) En el Título Preliminar.

16. a) Consensuada.

17. d) Todas las respuestas son correctas.

18. b) Puede aplicarse retroactivamente.

19. b) Derecho de usar y deber de conocerlo.

20. b) La villa de Madrid.

21. b) Décimo.

22. d) Primero y 4.º

23. b) Cuarto.

24. b) Tercero del Primero.

25. b) Valor superior del ordenamiento jurídico.

26. c) La Monarquía Parlamentaria.

27. b) Valor superior del anterior.

28. a) Derechos inviolables inherentes a la persona.

29. b) En los actos oficiales.

30. d) Todos ellos.

31. b) Fuerzas Armadas.

32. b) Quinto.

33. c) El 29 de diciembre de 1978.

34. b) Aconfesional.

35. c) 15.

36. a) Ha quedado abolida.

37. a) Detención ilegal.

38. b) No dilatarse.

39. c) Puede efectuarse en todo momento.

40. b) Se necesitará autorización judicial para entrar, si no da su consentimiento para ello.

41. b) Universal.

42. c) Secreto profesional.

43. a) Los artículos 166 a 169.

44. c) Organizaciones Profesionales y la Administración Civil.

45. c) No declarar sobre hechos presuntamente delictivos.

46. a) Es libre.

47. a) No se admite.

48. b) Progresivo y generalizado.

Organización territorial del Estado. El Municipio y la Provincia. Los Estatutos de Autonomía. Especial referencia al Estatuto de Autonomía de Andalucía

1. Según la Constitución, las Entidades que forman parte de la organización territorial del Estado tienen la nota común de:

a) Autogobierno.
b) Independencia.
c) Autonomía.
d) Financiación propia.

2. La titularidad de la soberanía española radica en el/las:

a) Cortes Generales como representantes del pueblo español.
b) Rey como Jefe del Estado.
c) Pueblo mismo.
d) Nacionalidades y regiones que integran España.

3. No pueden constituirse en Comunidades Autónomas los territorios:

a) Que no estén integrados en la organización provincial.
b) Que, no siendo superiores a una Provincia, tengan entidad regional histórica.
c) Que, no siendo superiores a una Provincia, no tengan entidad regional histórica.
d) Interinsulares.

4. La vía ordinaria de acceso a la autonomía por el artículo 143 de la Constitución se sigue por los/las:

a) Provincias con entidad regional histórica.
b) Territorios que en el pasado hubieren plebiscitado afirmativamente proyecto de Estatuto de Autonomía.
c) Provincia sin entidad regional histórica directamente.
d) Supuestos especiales de Ceuta, Melilla y Gibraltar.

5. Entre las determinaciones de los Estatutos de Autonomía no es necesario incluir la:

a) Delimitación de su territorio.
b) Denominación de las instituciones autónomas propias.
c) Denominación de la Comunidad.
d) Denominación, organización y sede de sus instituciones administrativas.

6. En las Comunidades Autónomas que siguen la vía común, el Proyecto de Estatuto será elaborado por la/los:

a) Asamblea de Parlamentarios que se constituye al efecto.
b) Comisión Constitucional del Congreso de los Diputados.
c) Diputación Provincial correspondiente.
d) Miembros de la Diputación u órgano interinsular y por los Diputados y Senadores elegidos por ellas.

7. El voto de ratificación por los Plenos del Senado y del Congreso de los Diputados se dará en el/las:

a) Comunidades Autónomas que siguen la vía común.
b) Comunidades Autónomas que siguen la vía especial.
c) Acceso a la autonomía de Ceuta y Melilla.
d) Acceso a la autonomía de Gibraltar.

8. La responsabilidad política del Presidente de una Comunidad Autónoma se exige por el/la:

a) Sala de lo Penal del Tribunal Supremo.
b) Congreso de los Diputados.
c) Tribunal Superior de Justicia de la Comunidad Autónoma.
d) Asamblea Legislativa de la Comunidad Autónoma.

9. La Asamblea Legislativa de las Comunidades Autónomas se elige:

a) Con criterios de representación territorial.
b) Con criterios de representación proporcional.
c) Por sufragio individual.
d) Con criterios de representación provincial.

10. El principio de coordinación con la Hacienda estatal se consigue por:

a) El Fondo de Compensación Interterritorial.
b) Los preceptos de las sucesivas Leyes de Presupuestos Generales del Estado.
c) La creación del Consejo de Política Fiscal y Financiera de las Comunidades Autónomas.
d) Imperativo de la propia Constitución.

11. Los Estatutos de Autonomía deberán contener el/la/las:

a) Competencias que se dejan al Estado y las que asume la Comunidad.
b) Competencias que, en función de la Constitución, asume cada Comunidad Autónoma.
c) Desarrollo de la Administración Autonómica.
d) División provincial y órganos de gobierno.

12. En la reforma de los Estatutos intervienen las Cortes Generales:

a) Siempre.
b) Nunca.
c) Solo cuanto se trata de Comunidades Autónomas que accedieron por la vía común.
d) En las Comunidades Autónomas de vía especial exclusivamente.

13. Los miembros de las Diputaciones u órganos interinsulares intervienen en la elaboración de los Estatutos de Autonomía:

a) En todo caso.
b) Nunca.
c) En las Comunidades Autónomas de vía común.
d) En las Comunidades Autónomas de vía especial.

14. Los Estatutos de Autonomía en la vía común se aprueban por el:

a) Congreso de los Diputados mediante Ley Orgánica.
b) Congreso de los Diputados y Senado por Ley Orgánica.
c) Congreso de los Diputados y Senado por Ley ordinaria.
d) Parlamento Autonómico solamente.

15. La más alta representación de una Comunidad Autónoma la ostenta el:

a) Presidente del Parlamento Autonómico.
b) Presidente de la Comunidad Autónoma.
c) Rey.
d) Presidente del Gobierno de la Nación.

16. La asunción de competencias y de mayor autonomía por las Comunidades Autónomas es, como regla general:

a) Regresiva.
b) Progresiva.
c) Automática.
d) Inmediata.

17. En la elaboración por la vía común de los Estatutos de Autonomía:

a) No intervienen los Municipios afectados.
b) Intervendrán en todo caso.
c) Solo intervienen las Diputaciones Provinciales u órganos interinsulares.
d) Solo intervienen los Municipios y los Diputados y Senadores.

18. El principio de solidaridad consagrado por el artículo 138 de la Constitución exige una atención especial a:

a) Las Comunidades Autónomas de economía más deprimida.
b) Las Entidades de ámbito territorial inferior al municipal.
c) Todas las partes del territorio nacional.
d) Las Islas.

19. La federación de Comunidades Autónomas, según la Constitución:

a) Solo se permite respecto de las limítrofes.
b) Requiere Ley Orgánica de las Cortes Generales.
c) Ha de efectuarse previa reforma de la propia Constitución.
d) Está absolutamente prohibida.

20. Según la Constitución, las Haciendas Locales deben:

a) Ser autosuficientes.
b) Carecer de recursos propios.
c) Supeditarse a la estatal.
d) Nada de lo anterior es cierto.

21. El carácter de cauce inmediato de participación ciudadana se predica del/de la:

a) Comunidad Autónoma.
b) Municipio.
c) Estado.
d) Provincia.

22. Según el nuevo artículo 24 bis de la Ley 7/1985, de 2 de abril, Reguladora de las Bases del Régimen Local, las Leyes de las Comunidades Autónomas sobre régimen local regularán los siguientes entes, que carecerán de personalidad jurídica, como forma de organización desconcentrada del Municipio:

a) Entes de ámbito territorial inferior al Municipio.
b) Mancomunidades.
c) Comarcas.
d) Ninguno de los anteriores.

23. Tiene el carácter de división territorial para el cumplimiento de las actividades del Estado un/una:

a) Comarca.
b) Municipio.
c) Provincia.
d) Comunidades Autónomas.

24. Las relaciones recíprocas de la Administración Local y las restantes Administraciones han de ajustarse a los deberes de:

a) Información mutua.
b) Invasión de los respectivos ámbitos competenciales.
c) Coordinación.
d) Las respuestas a) y c) son correctas.

25. Según la Ley de Régimen Local, la coordinación de las actividades de las Corporaciones Locales no puede incidir en su:

a) Entidad propia.
b) Autonomía.
c) Ámbito competencial.
d) Ninguna de las anteriores.

26. De la remisión de los acuerdos de una Corporación Local a la Administración General del Estado es inmediatamente responsable el:

a) Órgano colegiado de gobierno.
b) Registro de Salida de Documentos.
c) Secretario General.
d) Presidente.

27. A uno de los siguientes órganos corresponde la iniciativa de la reforma del Estatuto:

a) Al Parlamento Andaluz, a propuesta de las dos quintas partes de sus miembros.
b) Al Gobierno de la Nación.
c) Al Parlamento Andaluz, a propuesta de una tercera parte de sus miembros.
d) Al Presidente de la Junta, previo informe del Consejo de Gobierno.

28. Además de a dicho órgano, debe remitirse la copia o extracto al:

a) Órgano correspondiente de la Comunidad Autónoma.
b) Boletín Oficial de la Provincia.
c) Tribunal Superior de Justicia de la Comunidad Autónoma.
d) Presidente de la Diputación Provincial.

29. La cooperación entre Administraciones de carácter voluntario se articula a través de:

a) Convenios.
b) Consorcios.
c) Los dos anteriores.
d) La facultad de coordinación.

30. La elaboración de proyectos para una Entidad Local por la Administración del Estado es:

a) Cooperación económica.
b) Cooperación técnica.
c) Obligatoria para ambas.
d) Algo anormal.

31. Los órganos de colaboración entre las distintas Administraciones Públicas tienen el carácter de:

a) Obligatorios.
b) Decisorios.
c) Deliberantes.
d) Nacionales.

32. Está prevista una especial colaboración de la Administración General del Estado respecto de los Municipios de:

a) Marcado interés rústico.
b) Reconocido valor histórico-artístico.
c) Pequeña expansión industrial o urbana.
d) Las respuestas a) y b) son correctas.

33. Con la coordinación de la actividad de la Administración Local se persigue:

a) Fiscalizar dicha actividad, sin invadir su ámbito competencial.
b) Asegurar la coherencia de la actuación de las Administraciones Públicas.
c) Someter a la Administración Local a los intereses de la Nación.
d) Encauzar la autonomía local.

34. Las facultades de coordinación se atribuyen a/al/a las:

a) Gobierno de la Nación.
b) Consejo de Gobierno de las Comunidades Autónomas.
c) Los dos anteriores.
d) Diputaciones Provinciales en exclusiva.

35. Y tal atribución debe efectuarse necesariamente a través de:

a) Ley de las Cortes Generales o de los Parlamentos Autonómicos.

b) Decreto del Consejo de Ministros o de los Consejos de Gobierno de las Comunidades Autónomas.

c) Orden Ministerial o de la Consejería correspondiente.

d) Acuerdo del Pleno de la Diputación Provincial.

36. Esta coordinación se ejercerá especialmente respecto de los/las:

a) Municipios de marcado interés turístico.

b) Entidades Locales que hayan sufrido las consecuencias de fenómenos catastróficos.

c) Municipios de toda índole.

d) Diputaciones Provinciales.

37. El instrumento esencial para desarrollar esta coordinación son los/las:

a) Subvenciones.

b) Asesoramientos técnicos y jurídicos.

c) Planes sectoriales.

d) Controles de oportunidad y legalidad establecidos en favor de las Administraciones coordinadoras.

38. Los planes sectoriales para la fijación de objetivos y la determinación de las prioridades de la acción pública en una materia en concreto se aprueban por el/las/los:

a) Parlamento de la Comunidad en que radique la Entidad Local.

b) Cortes Generales.

c) Consejo de Gobierno o Consejo de Ministros.

d) Plenos de las Entidades afectadas.

39. Las Entidades Locales podrán ejercer competencias distintas de las propias y de las atribuidas por delegación:

a) Cuando no se ponga en riesgo la sostenibilidad financiera del conjunto de la Hacienda municipal.

b) Cuando no se incurra en un supuesto de ejecución simultánea del mismo servicio público con otra Administración Pública.

c) Previo informe vinculante de la Administración competente por razón de materia y de la Administración que tenga atribuida la tutela financiera sobre la sostenibilidad financiera de las nuevas competencias.

d) Todo lo anterior es cierto y debe darse simultáneamente.

40. Una delegación de competencia por parte del Estado en un Municipio debe efectuarse por el siguiente mínimo de tiempo:

a) Tres años.
b) Un año.
c) Cinco años.
d) Diez años.

41. La delegación de competencias del Estado o de una Comunidad Autónoma en un Municipio que no vaya acompañada en todo caso de la correspondiente financiación, prevista en la correspondiente dotación presupuestaria adecuada y suficiente en los presupuestos de la Administración delegante para cada ejercicio económico:

a) Es nula.
b) Solo se permitirá si la acepta el Municipio en el que se delegue.
c) Ha de ir precedida de dictamen favorable previo del Consejo de Estado u órgano consultivo equivalente de la Comunidad Autónoma.
d) Comportará la correspondiente modificación presupuestaria en el ejercicio siguiente a aquel en el que se efectúa.

42. Puede encomendarse la gestión ordinaria de servicios propios a las Diputaciones Provinciales por parte del/de los/de las:

a) Estado.
b) Municipios de la Provincia.
c) Comunidades Autónomas.
d) Todas las respuestas son correctas.

43. En el ejercicio de dicha gestión ordinaria, las Diputaciones Provinciales actuarán siguiendo las instrucciones generales y particulares de:

a) Su órgano colegiado superior.
b) La Ley de las Cortes Generales por la que se confiera la gestión.
c) La Comunidad Autónoma que encomiende la gestión.
d) Los Municipios afectados.

44. El Estado puede delegar en las Diputaciones Provinciales, respecto de los servicios que le son propios:

a) La titularidad de los mismos.
b) La posibilidad de regular la forma de su gestión.
c) La mera ejecución de las competencias que ostente sobre dichos servicios.
d) Todo lo anterior.

45. Para el desempeño conjunto de competencias concurrentes o compartidas entre el Estado o las Comunidades Autónomas y los Entes Locales, se prevé la constitución de:

a) Consorcios.
b) Órganos deliberantes.
c) Empresas públicas mixtas.
d) Entes desconcentrados.

46. Los requerimientos a las Entidades Locales para que cumplan sus obligaciones, previstos en el artículo 60 de la Ley Reguladora de las Bases del Régimen Local, no deben ser, en cuanto al plazo concedido:

a) Inferiores a un mes.
b) Superiores a un mes.
c) De menos de dos meses.
d) Obligatorios para la Entidad requerida.

47. Los citados requerimientos a las Entidades Locales para que cumplan sus funciones están previstos en caso de:

a) Insuficiencia de medios de la Entidad para realizar sus funciones.
b) Ejercicio de las competencias que tenga delegadas exclusivamente.
c) Incumplimiento de las obligaciones legalmente impuestas.
d) Que se produzca cualquiera de las anteriores circunstancias.

48. Si no se llegare a cumplir el requerimiento por las Entidades Locales para que cumplan sus funciones, se:

a) Arbitrarán las medidas necesarias para cumplir la obligación de la Entidad a costa de la Administración que hubiere requerido.
b) Procederá a la disolución de la Entidad requerida.
c) Sustituirá a la Entidad requerida en el ejercicio de esta obligación.
d) Sancionará a esta Entidad incumplidora.

49. La disolución de los órganos de una Entidad Local es competencia exclusiva del:

a) Senado.
b) Consejo de Ministros.
c) Consejo de Gobierno de cada Comunidad, dando cuenta al anterior.
d) Parlamento autonómico respectivo.

50. La iniciativa para proceder a la disolución de órganos de una Entidad Local ha de provenir del/de las:

a) Asambleas Legislativas Autonómicas.
b) Cortes Generales.
c) Consejo de Ministros.
d) El anterior o el Consejo de Gobierno de la Comunidad Autónoma de que se trate.

51. La actuación del Senado en el supuesto de disolución de una Entidad Local por el Gobierno de la Nación es:

a) Facultativa.
b) Preceptiva y vinculante.
c) Preceptiva y no vinculante.
d) Facultativa y vinculante.

52. Cuando, a iniciativa del Consejo de Ministros, se disuelven los órganos de una Entidad Local, el Consejo de Gobierno de la Comunidad Autónoma debe:

a) Tomar conocimiento.
b) Informarlo favorablemente.
c) Informarlo simplemente.
d) Estar de acuerdo.

53. La disolución de los órganos de las Entidades Locales está prevista para los supuestos de:

a) Insuficiencia de medios para gestionar los servicios propios de las Entidades Locales.
b) Incumplimiento de los requerimientos que le efectúen el Estado o las Comunidades Autónomas sobre los servicios que han de gestionar obligatoriamente.
c) Gestión gravemente dañosa a los intereses generales que suponga el incumplimiento de obligaciones constitucionales.
d) Defectuosa gestión de competencias delegadas.

54. La generalidad en las competencias respecto a la población respectiva se reconoce a los/las:

a) Municipios.
b) Provincias.
c) Islas.
d) Todos los anteriores.

55. La autonomía garantizada por la Constitución respecto de los Entes en que se organiza territorialmente el Estado lo es para:

a) Todo tipo de actuaciones.
b) La gestión de sus intereses.
c) Legislar.
d) Cuestiones políticas.

56. Como consecuencia de la autonomía, respecto de los asuntos que les conciernen, las Entidades Locales:

a) Han de intervenir obligatoriamente.
b) Quedan supeditadas a las directrices que en cada momento les señalen las Administraciones General del Estado y de las Comunidades Autónomas.

c) Exaccionarán los recursos necesarios dotándoselas de una autonomía financiera, al margen de los Presupuestos de las restantes Administraciones.

d) Solo tienen facultades de ejecución.

57. Según la Carta Europea de Autonomía Local, en los procesos de planificación y de decisión de cuestiones que les afecten directamente, las Entidades Locales:

a) Han de tener la última palabra.

b) Quedan sometidas absolutamente a lo que decidan las Administraciones superiores.

c) Debe tener una reserva de todas las competencias.

d) Deben ser consultadas.

58. Según la Carta Europea de Autonomía Local, cuando se encomienden competencias a estas Entidades Locales, debe efectuarse:

a) En lo relativo solo a su ejecución.

b) Sin necesidad de transferencia de medios económicos para ejercerlas.

c) Plena, completa e incondicionalmente, como regla general.

d) Previo referéndum de los ciudadanos afectados por las mismas.

59. Según la Carta Europea de Autonomía Local, el ejercicio de las competencias públicas, como regla general, debe encomendarse a las:

a) Administraciones que cuenten con mayores medios para su eficaz realización.

b) Administraciones Públicas centralizadas.

c) Autoridades más cercanas a los ciudadanos.

d) Entidades que integren en su seno el fenómeno de la participación ciudadana.

60. Según la Carta Europea de Autonomía Local, las competencias de las Entidades Locales:

a) Se fijan por la Constitución.

b) Se fijan por la Ley.

c) Se atribuyen de conformidad con la Ley.

d) Todo lo anterior es cierto.

61. A tenor del concepto de la garantía institucional de la autonomía local:

a) Debe preservarse la existencia de determinadas instituciones locales, que quedan sustraídas a la voluntad del legislador.

b) El Estado y las Comunidades Autónomas no tienen potestades legislativas sobre el Régimen Local.

c) La Constitución ha de efectuar un minucioso desarrollo de las Entidades Locales.

d) Las Entidades Locales están exentas de fiscalización por los órganos jurisdiccionales.

62. La garantía institucional de la autonomía local deriva de:

a) La propia Constitución.
b) Las Leyes de las Comunidades Autónomas y el Estado sobre Régimen Local.
c) Las decisiones del Consejo de Ministros y de los Consejos de Gobierno de las Comunidades Autónomas.
d) Las sentencias de los Tribunales.

63. La autonomía de las Entidades Locales, a diferencia de la reconocida a las Comunidades Autónomas, es:

a) De carácter político.
b) De mera ejecución de competencias.
c) Esencialmente administrativa.
d) Las respuestas b) y c) son correctas.

64. La permanente fiscalización, aprobación o control de los actos de las Entidades Locales por los órganos de la Administración General del Estado y de la Comunidad Autónoma respectiva:

a) Es una consecuencia natural de la autonomía reconocida a dichas Entidades.
b) Supondría un flagrante atentado contra esta autonomía.
c) Solo se permite respecto de las competencias que tienen atribuidas como propias.
d) Nada de lo anterior es correcto.

65. El ámbito competencial de las Entidades Locales corresponde determinarlo al/a las:

a) Poder Ejecutivo del Estado y de las Comunidades Autónomas.
b) Propias Entidades Locales.
c) Cortes Generales y los Parlamentos Autonómicos.
d) Tribunal Constitucional, al interpretar la Constitución.

66. La autonomía de las Provincias es:

a) De carácter político.
b) De menor alcance e intensidad que la municipal.
c) Igual a la de éstos.
d) Inexistente.

67. A diferencia de los Municipios, las Provincias no tienen señalado:

a) Servicios mínimos.
b) Autonomía en la gestión de sus intereses.
c) Competencias.
d) Nada de lo anterior.

68. Está legitimado para suspender por sí mismo los acuerdos de una Entidad Local:

a) El Subdelegado del Gobierno en la provincia.
b) Cualquier órgano periférico de una Comunidad Autónoma.
c) Un Presidente de la misma.
d) Ninguno de los anteriores.

69. Como trámite inexcusable y previo a la suspensión de un acuerdo de una Entidad Local, debe efectuarse:

a) Consulta o informe de la Comunidad Autónoma respectiva.
b) Requerimiento al Presidente de la Entidad.
c) Impugnación ante la Jurisdicción Contencioso-Administrativa.
d) Evacuación de dictamen del Consejo de Estado.

70. Cuando el Consejo de Gobierno de una Comunidad Autónoma proceda a la suspensión de un acuerdo de una Entidad Local:

a) Deberá someterlo a la ratificación del Consejo de Ministros.
b) Ha de impugnar el acuerdo inmediatamente ante la Jurisdicción Contencioso-Administrativa.
c) Debe recabar previamente la autorización del Senado.
d) Cometería una ilegalidad absoluta al carecer de esta facultad.

71. Como consecuencia de la suspensión a que se viene haciendo referencia, el acuerdo suspendido:

a) Queda ineficaz transitoriamente.
b) Se somete, en su ejecución, al control del órgano que lo suspendió.
c) Queda anulado.
d) Ha de someterse a la ratificación de este órgano.

72. Un requisito ineludible para que pueda llevarse a cabo esta suspensión es que:

a) Atente presuntamente el acuerdo, con carácter grave, al interés general de España.
b) Comporte una invasión de competencias del Estado o de las Comunidades Autónomas.
c) Sea constitutivo de delito el acuerdo suspendido.
d) Las respuestas a) y b) son correctas.

73. La impugnación de los actos de un Ayuntamiento previamente suspendidos por el Delegado del Gobierno de la Nación debe hacerse en:

a) Ningún caso.
b) Los diez días naturales siguientes a la suspensión.
c) Los diez días hábiles siguientes a la misma.
d) Los dos meses siguientes, a través de recurso contencioso-administrativo.

74. ¿Cuál es la Entidad básica de la organización territorial del Estado y cauce inmediato de participación ciudadana en los asuntos públicos, que institucionaliza y gestiona con autonomía los intereses propios de la respectiva colectividad?

a) La Isla.
b) La Provincia.
c) El Municipio.
d) La Comarca.

75. La Creación de las Áreas Metropolitanas se efectuará por Ley de:

a) Las Cortes Generales.
b) El Senado.
c) La Asamblea Legislativa de la Comunidad Autónoma.
d) No será necesaria Ley, sino Acuerdo aprobado por la mayoría absoluta de los concejales que conforman cada Municipio.

76. ¿Cuáles son las Entidades Locales integradas por los Municipios de grandes aglomeraciones urbanas entre cuyos núcleos de población existen vinculaciones económicas y sociales que hacen necesaria la planificación conjunta y la coordinación de determinados servicios y obras?

a) Las Áreas Metropolitanas.
b) Las Comarcas.
c) Las Mancomunidades de Municipios.
d) Las Provincias.

77. La Provincia es una Entidad Local con personalidad jurídica propia, determinada por la agrupación de Municipios y división territorial para el cumplimiento de las actividades del Estado. Cualquier alteración de los límites provinciales habrá de ser aprobada:

a) Por las Cortes Generales mediante Ley Orgánica.
b) Por las Cortes Generales mediante Ley ordinaria.
c) Por Ley de la Asamblea Legislativa de la Comunidad Autónoma respectiva.
d) Por acuerdo unánime de la Diputación Provincial.

78. Dispone el artículo 137 CE, que «el Estado se organiza territorialmente...»:

a) En Comunidades Autónomas.
b) En Provincias y en las Comunidades Autónomas que se constituyan.
c) En Municipios, en Provincias y en las Comunidades Autónomas que se constituyan.
d) En Áreas Metropolitanas, en Comarcas, en Mancomunidades de Municipios, en Provincias y en las Comunidades Autónomas que se constituyan.

79. En el escudo de Andalucía, a los pies de los leones, reza la siguiente leyenda:

a) Dominator Hercules Fundador.
b) Andalucía por sí.
c) Andalucía por sí, para España y Europa.
d) Andalucía por sí, para España y la Humanidad.

80. La bandera de Andalucía fue aprobada por:

a) La Constitución de 1812.
b) Asamblea de Ronda de 1918.
c) Manifiesto de Córdoba.
d) Asamblea de Córdoba.

81. El día de Andalucía es el:

a) 6 de diciembre.
b) 3 de marzo.
c) 28 de febrero.
d) 21 de febrero.

82. ¿Cuál es la norma institucional básica de cada Comunidad Autónoma?

a) La Constitución Autonómica.
b) El Estatuto de Autonomía.
c) La Ley Orgánica que al respecto dicte cada Comunidad Autónoma.
d) Ninguna, pues se somete a todas y cada una de las leyes del Estado.

83. La bandera de Andalucía está formada por:

a) Tres franjas verticales –verde, blanca y verde– de igual anchura.
b) Dos franjas horizontales una verde y otra blanca.
c) Tres franjas horizontales –blanca, verde y blanca– de igual anchura.
d) Tres franjas horizontales –verde, blanca y verde– de igual anchura.

84. ¿Cuál es la sede del Gobierno y del Parlamento Andaluz?

a) La ciudad de Granada.
b) La ciudad de Málaga.
c) La ciudad de Sevilla.
d) La ciudad de Cádiz.

85. ¿De cuántos Títulos consta el Estatuto de Autonomía para Andalucía?

a) Seis.
b) Ocho.

c) Diez.
d) Once.

86. ¿De cuántos artículos consta el Estatuto de Andalucía?

a) De 155.
b) De 95.
c) De 200.
d) De 250.

87. El Estatuto de Autonomía para Andalucía fue aprobado por:

a) La Ley Orgánica 2/2007, de 19 de marzo.
b) El Real Decreto 400/1984, de 22 de febrero.
c) El Decreto 40/1984, del 29 de febrero.
d) La Ley Orgánica 4/1981, de 30 de noviembre.

88. La sede del Tribunal Superior de Justicia de Andalucía es la ciudad de:

a) Sevilla.
b) Granada.
c) Cádiz.
d) Córdoba.

89. La reforma de los Estatutos de Autonomía de las Comunidades de segundo grado se realizará mediante:

a) Ley Orgánica.
b) Ley ordinaria.
c) Ley extraordinaria.
d) Real Decreto Ley.

90. A uno de los siguientes órganos no corresponde la iniciativa de la reforma del Estatuto de Autonomía de Andalucía:

a) Al Consejo de Gobierno.
b) A las Cortes Generales.
c) Al Gobierno de la Nación.
d) Al Parlamento andaluz, a propuesta de una tercera parte de sus miembros.

91. ¿Cuánto tiempo ha de transcurrir para proponerse de nuevo una reforma del Estatuto que no ha sido aprobada por el Parlamento o por las Cortes Generales, o no ha sido confirmada en Referéndum del cuerpo electoral?

a) Un año.
b) Seis meses.

c) Tres meses.
d) Dos años.

92. La propuesta de reforma del Estatuto requerirá, en todo caso, la aprobación del Parlamento andaluz:

a) Por mayoría simple de sus miembros.
b) Por mayoría absoluta de sus miembros.
c) Por mayoría de tres cuartas partes de sus miembros.
d) Por mayoría de dos tercios de sus miembros.

93. La reforma del Estatuto de Andalucía viene regulada:

a) En su Título V.
b) En su Título X.
c) En su Título VIII.
d) En su Título II.

94. ¿Cuándo se ha de seguir un procedimiento simplificado para la reforma del Estatuto?

a) Cuando lo decidan las Cortes Generales.
b) Cuando la Reforma no afectara a las relaciones de la Comunidad Autónoma con el Estado.
c) Cuando la reforma afecte a las relaciones de la Comunidad Autónoma con el Estado.
d) En ningún caso.

95 La iniciativa de la reforma del Estatuto corresponderá, entre otros, al Parlamento Andaluz, en este caso a propuesta de:

a) Tres quintos de sus miembros.
b) Mayoría absoluta de sus miembros.
c) Mayoría simple de sus miembros.
d) Una tercera parte de sus miembros.

96. La propuesta de reforma del Estatuto requerirá entre otros trámites:

a) La aprobación del Parlamento Andaluz por mayoría de tres quintos de sus miembros.
b) La aprobación de las Cortes Generales mediante Real Decreto Ley.
c) El referéndum positivo de los electores andaluces.
d) La aprobación del Gobierno.

97. A uno de los siguientes órganos corresponde la iniciativa de la reforma ordinaria del Estatuto de Andalucía:

a) Al Presidente de la Junta.
b) Al Consejo de Estado.

c) Al Consejo de Gobierno.
d) Al Tribunal Superior de Justicia.

98. Uno de los requisitos de la propuesta de reforma del Estatuto es:

a) Su aprobación por las Cortes Generales mediante Ley Orgánica.
b) Su aprobación por las Cortes Generales mediante Ley Ordinaria.
c) Su aprobación por el Presidente de la Junta, previo informe del Consejo de Gobierno.
d) Su aprobación por el Gobierno de la Nación.

Solución al test n.º 2

1. c) Autonomía.

2. c) Pueblo mismo.

3. d) Interinsulares.

4. a) Provincias con entidad regional histórica.

5. d) Denominación, organización y sede de sus instituciones administrativas.

6. d) Miembros de la Diputación u órgano interinsular y por los Diputados y Senadores elegidos por ellas.

7. b) Comunidades Autónomas que siguen la vía especial.

8. d) Asamblea Legislativa de la Comunidad Autónoma.

9. b) Con criterios de representación proporcional.

10. c) La creación del Consejo de Política Fiscal y Financiera de las Comunidades Autónomas.

11. b) Competencias que, en función de la Constitución, asume cada Comunidad Autónoma.

12. a) Siempre.

13. c) En las Comunidades Autónomas de vía común.

14. b) Congreso de los Diputados y Senado por Ley Orgánica.

15. b) Presidente de la Comunidad Autónoma.

16. b) Progresiva.

17. a) No intervienen los Municipios afectados.

18. d) Las Islas.

19. d) Está absolutamente prohibida.

20. d) Nada de lo anterior es cierto.

21. b) Municipio.

22. a) Entes de ámbito territorial inferior al Municipio.

23. c) Provincia.

24. d) Las respuestas a) y c) son correctas.

25. b) Autonomía.

26. c) Secretario General.

27. c) Al Parlamento Andaluz, a propuesta de una tercera parte de sus miembros.

28. a) Órgano correspondiente de la Comunidad Autónoma.

29. c) Los dos anteriores.

30. b) Cooperación técnica.

31. c) Deliberantes.

32. b) Reconocido valor histórico-artístico.

33. b) Asegurar la coherencia de la actuación de las Administraciones Públicas.

34. c) Los dos anteriores.

35. a) Ley de las Cortes Generales o de los Parlamentos Autonómicos.

36. d) Diputaciones Provinciales.

37. c) Planes sectoriales.

38. c) Consejo de Gobierno o Consejo de Ministros.

39. d) Todo lo anterior es cierto y debe darse simultáneamente.

40. c) Cinco años.

41. a) Es nula.

42. c) Comunidades Autónomas.

43. c) La Comunidad Autónoma que encomiende la gestión.

44. c) La mera ejecución de las competencias que ostente sobre dichos servicios.

45. a) Consorcios.

46. a) Inferiores a un mes.

47. c) Incumplimiento de las obligaciones legalmente impuestas.

48. c) Sustituirá a la Entidad requerida en el ejercicio de esta obligación.

49. b) Consejo de Ministros.

50. d) El anterior o el Consejo de Gobierno de la Comunidad Autónoma de que se trate.

51. b) Preceptiva y vinculante.

52. a) Tomar conocimiento.

53. c) Gestión gravemente dañosa a los intereses generales que suponga el incumplimiento de obligaciones constitucionales.

54. a) Municipios.

55. b) La gestión de sus intereses.

56. a) Han de intervenir obligatoriamente.

57. d) Deben ser consultadas.

58. c) Plena, completa e incondicionalmente, como regla general.

59. c) Autoridades más cercanas a los ciudadanos.

60. d) Todo lo anterior es cierto.

61. a) Debe preservarse la existencia de determinadas instituciones locales, que quedan sustraídas a la voluntad del legislador.

62. a) La propia Constitución.

63. c) Esencialmente administrativa.

64. b) Supondría un flagrante atentado contra esta autonomía.

65. c) Cortes Generales y los Parlamentos Autonómicos.

66. b) De menor alcance e intensidad que la municipal.

67. a) Servicios mínimos.

68. d) Ninguno de los anteriores.

69. b) Requerimiento al Presidente de la Entidad.

70. d) Cometería una ilegalidad absoluta al carecer de esta facultad.

71. a) Queda ineficaz transitoriamente.

72. a) Atente presuntamente el acuerdo, con carácter grave, al interés general de España.

73. c) Los diez días hábiles siguientes a la misma.

74. c) El Municipio.

75. c) La Asamblea Legislativa de la Comunidad Autónoma.

76. a) Las Áreas Metropolitanas.

77. a) Por las Cortes Generales mediante Ley Orgánica.

78. c) En Municipios, en Provincias y en las Comunidades Autónomas que se constituyan.

79. d) Andalucía por sí, para España y la Humanidad.

80. b) Asamblea de Ronda de 1918.

81. c) 28 de febrero.

82. b) El Estatuto de Autonomía.

83. d) Tres franjas horizontales –verde, blanca y verde– de igual anchura.

84. c) La ciudad de Sevilla.

85. d) Once

86. d) De 250.

87. d) La Ley Orgánica 4/1981, de 30 de noviembre.

88. b) Granada.

89. a) Ley Orgánica.

90. c) Al Gobierno de la Nación.

91. a) Un año.

92. a) Por mayoría simple de sus miembros.

93. b) En su Título X.

94. b) Cuando la Reforma no afectara a las relaciones de la Comunidad Autónoma con el Estado.

95. d) Una tercera parte de sus miembros.

96. c) El referéndum positivo de los electores andaluces.

97. c) Al Consejo de Gobierno.

98. a) Su aprobación por las Cortes Generales mediante Ley Orgánica.

TEST N.º 3

La Hacienda Local: clasificación de los recursos

1. De conformidad con el artículo 142 de la Constitución Española:

a) Las Haciendas Locales deberán disponer de los medios suficientes para el desempeño de las funciones que la ley atribuye a las Corporaciones respectivas.
b) Las Haciendas Locales deberán disponer de los medios necesarios para el desempeño de las funciones que la ley atribuye a las Corporaciones respectivas.
c) Las Haciendas Locales deberán disponer de los medios suficientes para el desempeño de las necesidades que la ley atribuye a las Corporaciones respectivas.
d) Las Haciendas Locales deberán disponer de los medios suficientes para el desempeño de las actividades que la ley atribuye a las Corporaciones respectivas.

2. Según la Ley de Bases de Régimen Local:

a) Las Haciendas Locales se nutren, además de tributos propios y de las participaciones reconocidas en los del Estado y en los de las Comunidades Autónomas, de aquellos otros recursos que prevé la ley.
b) Las Haciendas Locales se nutren, además de tributos propios, de las participaciones reconocidas en los del Estado y en los de las Comunidades Autónomas.
c) Las Haciendas Locales se nutren, además de tributos propios, de las participaciones reconocidas en los del Estado.
d) Las Haciendas Locales se nutren, además de tributos propios, de las participaciones reconocidas en los de las Comunidades Autónomas.

3. Solo podrán establecerse prestaciones personales o patrimoniales de carácter público:

a) Con arreglo a la ley.
b) Con arreglo a la norma.
c) Con arreglo a los reglamentos.
d) Con arreglo a los Reales Decretos.

4. ¿Tienen las Entidades Locales potestad tributaria?

a) Sí, de carácter secundario.
b) Sí, de carácter primario.
c) No.
d) Solo la tiene el Estado.

5. La potestad reglamentaria de las Entidades Locales en materia tributaria se ejercerá a través de:

a) Ordenanzas Generales de Gestión, Recaudación e Inspección.
b) Ordenanzas Fiscales reguladoras de sus propios tributos.
c) Las respuestas anteriores son correctas.
d) Ordenanzas Fiscales reguladoras de las tarifas.

6. La Hacienda de las Entidades Locales estará constituida por los siguientes recursos:

a) Las subvenciones.
b) El producto de las operaciones de crédito.
c) El producto de las multas y sanciones.
d) Todas las respuestas son verdaderas.

7. ¿Qué ingresos tienen la consideración de derecho privado?

a) Las adquisiciones a título de herencia, legado o donación.
b) Los rendimientos o productos de cualquier naturaleza derivados del patrimonio.
c) Las adquisiciones mediante contratos.
d) Las respuestas a) y b) son correctas.

8. Tendrán la consideración de tasas las prestaciones patrimoniales que establezcan las Entidades locales por:

a) El coste de las obras.
b) La utilización privativa o el aprovechamiento especial del dominio público local.
c) Las actividades administrativas de toda clase.
d) Ninguna respuesta es correcta.

9. El importe de las contribuciones especiales no podrá exceder de:

a) 50 por 100 del coste de la obra que el Municipio soporte.
b) 90 por 100 del coste de la obra que el Municipio soporte.
c) 70 por 100 del coste de la obra que el Municipio soporte.
d) 80 por 100 del coste de la obra que el Municipio soporte.

10. Los Ayuntamientos podrán establecer y exigir el siguiente impuesto:

a) Impuesto sobre Bienes Inmuebles.
b) Impuesto sobre Vehículos de Tracción Mecánica.
c) Impuesto sobre el Incremento de Valor de los Terrenos de Naturaleza Urbana.
d) Impuesto sobre Actividades Económicas.

11. Las Entidades Locales podrán percibir subvenciones de toda índole con destino a sus obras y servicios:

a) Que no podrán ser aplicadas a atenciones distintas de aquellas para las que fueron otorgadas, salvo, en su caso, los sobrantes no reintegrables cuya utilización no estuviese prevista en la concesión.
b) Que no podrán ser aplicadas a atenciones distintas de aquellas para las que fueron otorgadas.
c) Que podrán ser aplicadas a atenciones distintas de aquellas para las que fueron otorgadas.
d) Que podrán ser aplicadas a atenciones distintas de aquellas para las que fueron otorgadas salvo, en su caso, los sobrantes no reintegrables.

12. Todas las operaciones financieras que suscriban las Corporaciones Locales están sujetas:

a) Al principio de anualidad.
b) Al principio de prudencia financiera.
c) Al principio de ejecución presupuestaria.
d) Al principio de especificación.

13. ¿Pueden las entidades locales acudir al crédito privado a largo plazo?

a) Sí, pudiendo instrumentarse a través de contratación de préstamos o créditos.
b) Sí, pudiendo instrumentarse a través de emisión de deuda privada.
c) Sí, pudiendo instrumentarse a través de conversión y sustitución total o parcial de operaciones futuras.
d) Todas las respuestas son verdaderas.

14. La prestación personal y de transporte podrá ser exigible:

a) Por los Ayuntamientos con población de derecho no superior a 3.000 habitantes.
b) Por los Ayuntamientos con población de derecho no superior a 4.000 habitantes.
c) Por las Entidades de ámbito inferior al municipio.
d) Por los Ayuntamientos con población de derecho no superior a 5.000 habitantes.

15. La competencia para conocer y resolver un recurso de reposición en materia tributaria será del:

a) Órgano de la Entidad Local superior al que haya dictado el acto administrativo impugnado.
b) Órgano de la Entidad Local que haya dictado el acto administrativo impugnado.
c) Órgano de la Entidad Local que haya delegado el dictado del acto administrativo impugnado.
d) Del alcalde o presidente.

16. Podrán interponer el recurso de reposición en materia tributaria:

a) Los sujetos pasivos.
b) Los responsables de los tributos.
c) Las respuestas a) y b) son correctas.
d) Todos los ciudadanos.

17. Contra la resolución del recurso de reposición en materia tributaria:

a) Cabe recurso de alzada.
b) Pueden los interesados interponer directamente recurso contencioso-administrativo.
c) No puede interponerse de nuevo este recurso.
d) Las respuestas b) y c) son correctas.

18. En los municipios de gran población existirá un órgano especializado entre cuyas funciones se encuentran:

a) El conocimiento de la naturaleza de los actos tributarios.
b) La elaboración de las Ordenanzas Fiscales.
c) El dictamen sobre los proyectos de ordenanzas fiscales.
d) Ninguna respuesta es correcta.

19. La extinción total o parcial de las deudas que el Estado tenga con las Entidades Locales, o viceversa, podrá acordarse por vía de compensación, cuando se trate de:

a) Deudas vencidas.
b) Deudas vencidas, líquidas y exigibles.
c) Deudas vencidas y líquidas.
d) Deudas vencidas, líquidas y legales.

20. ¿Podrán reconocerse beneficios fiscales en los tributos locales?

a) Solo en los casos expresamente previstos en las normas con rango de ley.
b) En los casos derivados de la aplicación de los Tratados Internacionales.
c) Las respuestas a) y b) son correctas.
d) En los casos establecidos en los reglamentos estatales.

21. Cuando las ordenanzas fiscales así lo prevean, no se exigirá interés de demora en los acuerdos de aplazamiento de pago que hubieran sido solicitados en período voluntario:

a) Siempre que se refieran a deudas de vencimiento periódico.
b) Siempre que se refieran a deudas de notificación colectiva.
c) Siempre que el pago total de las deudas se produzca en el mismo ejercicio que el de su devengo.
d) Todas las respuestas son correctas.

22. Un criterio al que no ha de ajustarse la gestión económico-financiera en los municipios de gran población es:

a) Cumplimiento del objetivo de estabilidad presupuestaria.
b) Introducción de la exigencia del seguimiento de los costes de los servicios.
c) Unión de las funciones de contabilidad y de fiscalización de la gestión económico-financiera.
d) La concertación de operaciones de tesorería se realizarán de acuerdo con las bases de ejecución del presupuesto y el plan financiero aprobado.

23. En los municipios de gran población el titular del órgano que ostenta las funciones de presupuestación, contabilidad, tesorería y recaudación:

a) Deberá ser un funcionario de Administración local con habilitación de carácter nacional.
b) Deberá ser un funcionario de Administración local con habilitación de carácter nacional, salvo el del órgano que desarrolle las funciones de presupuestación.
c) Deberá ser un funcionario de carrera.
d) Es el Interventor municipal.

24. En los municipios de gran población corresponderá al órgano de gestión tributaria:

a) La gestión, liquidación, inspección, recaudación y revisión de los actos contables.
b) La recaudación en período voluntario de los ingresos de Derecho Público.
c) El análisis y diseño de la política particular de ingresos públicos.
d) El seguimiento y la ordenación de la ejecución del presupuesto de ingresos en lo relativo a ingresos tributarios.

25. En los municipios de gran población la función pública de control y fiscalización interna de la gestión económico-financiera y presupuestaria corresponderá:

a) Al Tesorero municipal.
b) Al Interventor municipal.
c) Al Secretario municipal.
d) Al Depositario de cuentas.

26. La principal fuente de financiación de las Haciendas Locales son los/las:

a) Créditos obtenidos de las instituciones financieras.
b) Ingresos de Derecho Privado.
c) Tributos propios.
d) Prestaciones personales de los vecinos.

27. Nuestra vigente Constitución, respecto de las Haciendas Locales, consagra el principio de:

a) Autodeterminación.
b) Suficiencia.
c) Autonomía.
d) Dependencia del Estado.

28. Para alcanzar el principio de suficiencia, en relación con los tributos del Estado y de las Comunidades Autónomas, las Haciendas Locales:

a) Se encargarán de gestionarlos y recaudarlos.
b) Percibirán las cantidades abonadas por los mismos.
c) Participarán de los resultados de dichos tributos.
d) Determinarán cuáles se implantan en el respectivo territorio de la Entidad Local de que se trate.

29. En cualquier caso, los recursos con que cuenten las Haciendas Locales:

a) Han de ser suficientes para el cumplimiento de los fines de las Entidades Locales.
b) Deben tener carácter tributario.
c) Solo deben gestionarse por las propias Haciendas Locales.
d) Todo lo anterior es correcto.

30. Los recursos con que cuenten las Haciendas Locales han de estar previstos, previa y originariamente, en un/una:

a) Ley ordinaria de las Cortes Generales.
b) Ley de los Parlamentos Autonómicos.
c) Ordenanza Fiscal de la propia Entidad.
d) Reglamento de carácter general.

31. Es una figura tributaria un/una:

a) Precio público.
b) Operación de crédito.
c) Tasa.
d) Subvención.

32. Es una figura tributaria un/una:

a) Precio público.
b) Subvención.
c) Multa.
d) Contribución especial.

33. La potestad tributaria de las Entidades Locales:

a) No tiene base legal alguna.
b) Es de carácter derivado o secundario.
c) En su territorio, tiene mayor valor que la propia del Estado.
d) La tienen reservada para la creación de sus propios tributos.

34. En cuanto a la posibilidad de dictar las Entidades Locales normas reglamentarias en materia tributaria:

a) Se manifiesta a través de Reglamentos Generales de Recaudación.
b) Se realiza mediante Bandos de los Alcaldes.
c) No se le reconoce legalmente.
d) Es requisito *sine qua non* para que puedan exigir sus tributos.

35. La figura a través de la cual se realiza dicha normación en esta materia por una Entidad Local es un/una:

a) Ley.
b) Ordenanza Fiscal.
c) Reglamento General.
d) Bando.

36. Respecto de los tributos previamente creados por una ley estatal como propios de las Entidades Locales, estas tienen:

a) Autonomía para establecerlos y exigirlos.
b) Que delegar en el Estado su gestión y recaudación.
c) Actuar al dictado de lo que señalen las Comunidades Autónomas respectivas.
d) Que ceder su aprovechamiento al propio Estado.

37. En relación con la gestión, recaudación e inspección de sus tributos propios, las Entidades Locales pueden:

a) Descentralizarlas en Entidades inferiores.
b) Concederlas a un particular o una empresa privada con personalidad jurídica.
c) Desconcentrarlas en otra Administración Pública.
d) Delegarlas en una Entidad Local de ámbito superior.

38. En relación con la gestión, recaudación e inspección de sus tributos propios y en relación con el Estado, las Entidades Locales pueden:

a) Desconcentrarle las competencias.
b) Descentralizarle las mismas.
c) Establecer mecanismos de colaboración.
d) Delegarle estas competencias.

39. En defecto de su legislación específica, debe aplicarse en esta materia la ley:

a) General Presupuestaria.
b) De Presupuestos Generales del Estado de cada año.
c) Del Procedimiento Administrativo Común de las Administraciones Públicas.
d) General Tributaria.

40. Tienen carácter privado los ingresos procedentes del/de los:

a) Tributos en general.
b) Tributos del Estado.
c) Patrimonio.
d) Precios públicos.

41. Para la cobranza de sus tributos, las Entidades Locales:

a) No gozan de privilegios o prerrogativas.
b) Tienen los propios del Estado.
c) Han de utilizar los servicios propios del Estado.
d) Deben constituir Entidades de Crédito.

42. Los ingresos que procedan de los bienes de dominio público local tienen la consideración de:

a) Derecho Público.
b) Derecho Privado.
c) Tributos en cualquier caso.
d) Atípicos.

43. En cambio, los rendimientos derivados del patrimonio de las Entidades Locales se consideran ingresos de:

a) Derecho Público.
b) Derecho Privado.
c) Carácter tributario.
d) Carácter excepcional.

44. Una condición para considerar de carácter privado los ingresos derivados de un derecho real en favor de una Entidad es que:

a) Sean tributarios.
b) Dicho derecho real no se halle afecto a un uso o servicio público.
c) No posea este tipo de derecho la susceptibilidad de valoración económica.
d) Todo lo anterior es correcto.

45. La adquisición de un bien donado por un particular se considera, a estos efectos:

a) Ingreso de dominio público local.
b) Ingreso de Derecho Público.
c) Ingreso de Derecho Privado.
d) Contribución especial.

46. Lo que abona un particular por la prestación de un servicio público que le afecta o beneficia, siendo de recepción obligatoria, es un/una:

a) Impuesto.
b) Contribución especial.
c) Tasa.
d) Precio público.

47. Si dicho servicio público no fuera de recepción obligatoria, el particular abonaría un/una:

a) Impuesto.
b) Contribución especial.
c) Tasa.
d) Precio público.

48. En los Municipios de gran población, el titular del órgano de gestión presupuestaria puede ser:

a) Un miembro de la Corporación.
b) Un funcionario de Administración Local con Habilitación de carácter Nacional necesariamente.
c) Un funcionario de la propia Corporación.
d) Ninguno de los anteriores.

49. La Intervención General Municipal, en los Municipios de gran población, ejerce las funciones de:

a) Control y fiscalización interna de la gestión económico-financiera y presupuestaria.
b) Contabilidad.

c) Tesorería.
d) Todas las anteriores son ejercidas por la misma.

50. Cuando una Entidad Local realiza una obra pública, en virtud de la cual un ciudadano experimenta en sus bienes un incremento de valor, puede exigirle el pago de un/una:

a) Impuesto.
b) Contribución especial.
c) Tasa.
d) Precio público.

51. En dicho supuesto, la recaudación que se obtenga se destinará a:

a) Sufragar obras de beneficencia.
b) Pagar los gastos de la obra.
c) Incrementar los fondos de la Caja de la Corporación.
d) Cualquiera de las anteriores finalidades.

52. Es de carácter obligatorio su establecimiento y exigencia, para los Ayuntamientos, el Impuesto sobre:

a) El Incremento de Valor de los Terrenos de Naturaleza Urbana.
b) Circulación de Vehículos.
c) Construcciones, Instalaciones y Obras.
d) Vehículos de Tracción Mecánica.

53. Es de carácter obligatorio su establecimiento y exigencia, para los Ayuntamientos, el Impuesto sobre:

a) La Radicación.
b) Actividades Económicas.
c) Construcciones, Instalaciones y Obras.
d) El Incremento de Valor de los Terrenos de Naturaleza Urbana.

54. En cambio, es potestativo para el Ayuntamiento el establecimiento y exigencia del Impuesto sobre:

a) Actividades Económicas.
b) Vehículos de Tracción Mecánica.
c) Construcciones, Instalaciones y Obras.
d) Bienes Inmuebles.

55. Los vehículos gravados por el Impuesto sobre Vehículos de Tracción Mecánica, han de:

a) Pertenecer a una Administración Pública como regla general.
b) Ser aptos para circular por vías públicas.
c) Ser destinados a su circulación exclusiva por vías privadas.
d) Las respuestas b) y c) son ciertas.

56. La figura impositiva que ha sustituido al desaparecido Impuesto Municipal de Solares es el Impuesto sobre:

a) Construcciones, Instalaciones y Obras.
b) Actividades Económicas.
c) Incremento de Valor de los Terrenos de Naturaleza Urbana.
d) Bienes Inmuebles.

57. La figura impositiva que ha sustituido al Impuesto Municipal sobre la Radicación es el Impuesto sobre:

a) Bienes Inmuebles.
b) Actividades Económicas.
c) Construcciones, Instalaciones y Obras.
d) Ninguno de los anteriores.

58. Los beneficios fiscales en los tributos locales han de estar reconocidos originariamente:

a) Por el Pleno de la Corporación.
b) En norma con rango de ley.
c) En la correspondiente Ordenanza Fiscal.
d) En la Ley General Tributaria.

59. Tiene el carácter de tributo indirecto el Impuesto sobre:

a) Actividades Económicas.
b) Incremento de Valor de los Terrenos de Naturaleza Urbana.
c) Construcciones, Instalaciones y Obras.
d) Vehículos de Tracción Mecánica.

60. En el Impuesto sobre el Incremento de Valor de los Terrenos de Naturaleza Urbana:

a) Se paga dicho incremento por la mera posesión de dichos bienes, unida al transcurso de los años.
b) El citado incremento ha de ponerse de manifiesto, por ejemplo, al transmitirse la propiedad del bien de que se trate.

c) Se grava cualquier terreno, al margen de su clasificación y calificación urbanística.

d) El incremento de que se trata ha de revertir a la colectividad en su integridad.

61. Respecto de las Áreas Metropolitanas está previsto el establecimiento de recargos sobre el siguiente Impuesto:

a) Construcciones, Instalaciones y Obras.

b) Actividades Económicas.

c) Incremento de Valor de los Terrenos de Naturaleza Urbana.

d) Bienes Inmuebles.

62. En relación con algún tributo de una Entidad Local, hay una previsión legal de establecimiento por otra Entidad de este tipo de un/una:

a) Impuesto.

b) Participación.

c) Recargo.

d) Precio Público.

63. Las operaciones de crédito a que pueden acudir las Entidades Locales no pueden instrumentarse a través de:

a) Hipotecas sobre los bienes patrimoniales de la Entidad.

b) Emisión de Deuda Pública.

c) Sustitución total o parcial de una operación de crédito preexistente.

d) Las respuestas a) y c) son ciertas.

64. Las operaciones de crédito a que pueden acudir las Entidades Locales han de ser:

a) A medio y largo plazo.

b) A corto y largo plazo.

c) Destinado a obras de mantenimiento.

d) Concertado necesariamente con Entidades Públicas.

65. Por el aprovechamiento especial del dominio público las Entidades Locales han de exigir un/una:

a) Contribución especial.

b) Precio público.

c) Tasa.

d) Prestación personal.

Solución al test n.º 3

1. a) Las Haciendas Locales deberán disponer de los medios suficientes para el desempeño de las funciones que la ley atribuye a las Corporaciones respectivas.

2. a) Las Haciendas Locales se nutren, además de tributos propios y de las participaciones reconocidas en los del Estado y en los de las Comunidades Autónomas, de aquellos otros recursos que prevé la ley.

3. a) Con arreglo a la ley.

4. a) Sí, de carácter secundario.

5. c) Las respuestas anteriores son correctas.

6. d) Todas las respuestas son verdaderas.

7. d) Las respuestas a) y b) son correctas.

8. b) La utilización privativa o el aprovechamiento especial del dominio público local.

9. b) 90 por 100 del coste de la obra que el Municipio soporte.

10. c) Impuesto sobre el Incremento de Valor de los Terrenos de Naturaleza Urbana.

11. a) Que no podrán ser aplicadas a atenciones distintas de aquellas para las que fueron otorgadas, salvo, en su caso, los sobrantes no reintegrables cuya utilización no estuviese prevista en la concesión.

12. b) Al principio de prudencia financiera.

13. a) Sí, pudiendo instrumentarse a través de contratación de préstamos o créditos.

14. d) Por los Ayuntamientos con población de derecho no superior a 5.000 habitantes.

15. b) Órgano de la Entidad Local que haya dictado el acto administrativo impugnado.

16. c) Las respuestas a) y b) son correctas.

17. d) Las respuestas b) y c) son correctas.

18. c) El dictamen sobre los proyectos de ordenanzas fiscales.

19. b) Deudas vencidas, líquidas y exigibles.

20. b) En los casos derivados de la aplicación de los Tratados Internacionales.

21. d) Todas las respuestas son correctas.

22. c) Unión de las funciones de contabilidad y de fiscalización de la gestión económico-financiera.

23. b) Deberá ser un funcionario de Administración local con habilitación de carácter nacional, salvo el del órgano que desarrolle las funciones de presupuestación.

24. d) El seguimiento y la ordenación de la ejecución del presupuesto de ingresos en lo relativo a ingresos tributarios.

25. b) Al Interventor municipal.

26. c) Tributos propios.

27. b) Suficiencia.

28. c) Participarán de los resultados de dichos tributos.

29. a) Han de ser suficientes para el cumplimiento de los fines de las Entidades Locales.

30. a) Ley ordinaria de las Cortes Generales.

31. c) Tasa.

32. d) Contribución especial.

33. b) Es de carácter derivado o secundario.

34. d) Es requisito *sine qua non* para que puedan exigir sus tributos.

35. b) Ordenanza Fiscal.

36. a) Autonomía para establecerlos y exigirlos.

37. d) Delegarlas en una Entidad Local de ámbito superior.

38. c) Establecer mecanismos de colaboración.

39. d) General Tributaria.

40. c) Patrimonio.

41. b) Tienen los propios del Estado.

42. a) Derecho Público.

43. b) Derecho Privado.

44. b) Dicho derecho real no se halle afecto a un uso o servicio público.

45. c) Ingreso de Derecho Privado.

46. c) Tasa.

47. d) Precio público.

48. c) Un funcionario de la propia Corporación.

49. a) Control y fiscalización interna de la gestión económico-financiera y presupuestaria.

50. b) Contribución especial.

51. b) Pagar los gastos de la obra.

52. d) Vehículos de Tracción Mecánica.

53. b) Actividades Económicas.

54. c) Construcciones, Instalaciones y Obras.

55. b) Ser aptos para circular por vías públicas.

56. d) Bienes Inmuebles.

57. b) Actividades Económicas.

58. b) En norma con rango de ley.

59. c) Construcciones, Instalaciones y Obras.

60. b) El citado incremento ha de ponerse de manifiesto, por ejemplo, al transmitirse la propiedad del bien de que se trate.

61. d) Bienes Inmuebles.

62. c) Recargo.

63. a) Hipotecas sobre los bienes patrimoniales de la Entidad.

64. b) A corto y largo plazo.

65. c) Tasa.

TEST N.º 4

**Nociones generales de la normativa estatal y autonómica
en materia de Igualdad y Violencia de Género. Medidas en el
ámbito administrativo y laboral para promover la igualdad real y
efectiva de las personas TRANS y LGTBI establecidas en la
Ley 4/2023, de 28 de febrero**

1. ¿Qué artículo de la Constitución proclama que los españoles son iguales ante la ley, sin que pueda prevalecer discriminación alguna por razón de nacimiento, raza, sexo, religión, opinión o cualquier otra condición o circunstancia personal o social?

a) Artículo 9.
b) Artículo 11.
c) Artículo 14.
d) Artículo 18.

2. Según su artículo 1, la LO 3/2007 tiene por objeto hacer efectivo el derecho de:

a) Conciliación de la vida laboral y familiar de mujeres y hombres.
b) Igualdad de trato y de oportunidades entre mujeres y hombres.
c) Participación en los asuntos públicos en igualdad de condiciones.
d) No discriminación por razón de sexo.

3. Las obligaciones establecidas en la LO 3/2007 son de aplicación a:

a) A toda persona, física o jurídica, que se encuentre o actúe en territorio español, cualquiera que fuese su nacionalidad, domicilio o residencia.
b) A todos los ciudadanos españoles, ya sea en territorio español o territorio de cualquier país extranjero.
c) A toda persona, física o jurídica, que se encuentre o actúe en territorio español, con nacionalidad española.
d) A toda persona, física o jurídica, que resida en territorio español, cualquiera que fuese su nacionalidad.

4. El principio de igualdad de trato y de oportunidades entre mujeres y hombres:

a) Sólo se aplica en el ámbito del empleo público.
b) Se garantizará incluso en el acceso al trabajo por cuenta propia.
c) No se aplica en la afiliación y participación en organizaciones sindicales o empresariales.
d) Se garantizará en los términos que prevean los convenios colectivos.

5. La situación en que se encuentra una persona que sea, haya sido o pudiera ser tratada, en atención a su sexo, de manera menos favorable que otra en situación comparable, se considera:

a) Discriminación directa.
b) Acoso sexual.
c) Discriminación indirecta.
d) Violencia de género.

6. En virtud del artículo 6.2 de la LO 3/2007, la situación en que una disposición, criterio o práctica aparentemente neutros pone a personas de un sexo en desventaja particular con respecto a personas del otro:

a) En cualquier caso constituirá discriminación directa.
b) En cualquier caso constituirá discriminación indirecta.
c) No se considera discriminación indirecta si dicha disposición, criterio o práctica pueden justificarse objetivamente en atención a una finalidad legítima y los medios para alcanzar dicha finalidad son necesarios y adecuados.
d) En ningún caso podrá considerarse discriminación.

7. A los efectos de la LO 3/2007, definimos como acoso sexual:

a) Cualquier comportamiento realizado en función del sexo de una persona, con el propósito o el efecto de atentar contra su dignidad y de crear un entorno intimidatorio, degradante u ofensivo.
b) La situación en que una disposición, criterio o práctica aparentemente neutros pone a personas de un sexo en desventaja particular con respecto a personas del otro, salvo que dicha disposición, criterio o práctica puedan justificarse objetivamente en atención a una finalidad legítima y que los medios para alcanzar dicha finalidad sean necesarios y adecuados.
c) Todo trato desfavorable a las mujeres relacionado con el embarazo o la maternidad.
d) Cualquier comportamiento, verbal o físico, de naturaleza sexual que tenga el propósito o produzca el efecto de atentar contra la dignidad de una persona, en particular cuando se crea un entorno intimidatorio, degradante u ofensivo.

8. Según el artículo 8 de la LO 3/2007, todo trato desfavorable a las mujeres relacionado con el embarazo o la maternidad constituye:

a) Acoso sexual.
b) Acoso por razón de sexo.
c) Discriminación directa por razón de sexo.
d) Discriminación indirecta por razón de sexo.

9. Cualquier comportamiento realizado en función del sexo de una persona, con el propósito o el efecto de atentar contra su dignidad y de crear un entorno intimidatorio, degradante u ofensivo, constituye:

a) Discriminación directa.
b) Acoso sexual.
c) Acoso por razón de sexo.
d) Discriminación indirecta.

10. Para prevenir la realización de conductas discriminatorias en los actos y las cláusulas de los negocios jurídicos, el artículo 10 de la LO 3/2007 prevé la existencia de un sistema de sanciones eficaz y:

a) Proporcionado.
b) Comprensible.
c) Cuantificable.
d) Disuasorio.

11. Según el artículo 10 de la LO 3/2007, los actos y las cláusulas de los negocios jurídicos que constituyan o causen discriminación por razón de sexo se considerarán:

a) Válidos, pero anulables.
b) Nulos y sin efecto.
c) Ilegales.
d) Nulos, pero con efectos.

12. Con el fin de hacer efectivo el derecho constitucional de la igualdad, los Poderes Públicos adoptarán medidas específicas en favor de las mujeres para corregir situaciones patentes de desigualdad de hecho respecto de los hombres. Tales medidas, que serán aplicables en tanto subsistan dichas situaciones, habrán de ser en relación con el objetivo perseguido en cada caso razonables y:

a) Justificadas.
b) Autorizadas judicialmente.
c) Transparentes.
d) Proporcionadas.

13. Conforme al artículo 12 de la LO 3/2007, cualquier persona podrá recabar de los tribunales la tutela del derecho a la igualdad entre mujeres y hombres, de acuerdo con lo establecido en el artículo 53.2 de la Constitución:

a) Siempre que la relación en la que supuestamente se produce la discriminación se encuentre vigente.

b) Incluso tras la terminación de la relación en la que supuestamente se ha producido la discriminación.

c) Siempre que se haya dado por terminada la relación en la que supuestamente se produce la discriminación.

d) A menos que se haya procedido a la suspensión de la relación en la que supuestamente se produce la discriminación.

14. La capacidad y la legitimación para intervenir en los procesos civiles, sociales y contencioso-administrativos que versen sobre la defensa del derecho de igualdad entre mujeres y hombres, corresponden a:

a) La persona acosada, únicamente.

b) Cualquier ciudadano.

c) Las personas físicas y jurídicas con interés legítimo.

d) Cualquier persona jurídica.

15. La persona acosada será la única legitimada en los litigios:

a) Sobre discriminación directa.

b) Sobre acoso sexual y acoso por razón de sexo.

c) Sobre acoso sexual únicamente.

d) Únicamente sobre acoso por razón de sexo.

16. Un criterio general de actuación de los Poderes Públicos, según el artículo 14 de la LO 3/2007, es el establecimiento de medidas que aseguren la .... del trabajo y de la vida personal y familiar de las mujeres y los hombres, así como el fomento de la .... en las labores domésticas y en la atención a la familia. Qué dos palabras completan acertadamente la frase anterior:

a) Conciliación y corresponsabilidad.

b) Estabilidad y cooperación.

c) Corresponsabilidad y cooperación.

d) Estabilidad y conciliación.

17. Según el artículo 15 de la LO 3/2007, el principio de igualdad de trato y oportunidades entre mujeres y hombres informará la actuación de todos los Poderes Públicos, con carácter:

a) General.

b) Transversal.

c) Integral.

d) Global.

18. Según el artículo 17 de la LO 3/2007, el Gobierno, en las materias que sean de la competencia del Estado, aprobará un Plan Estratégico de Igualdad de Oportunidades:

a) Anualmente.
b) Bianualmente.
c) Cada cuatro años.
d) Periódicamente.

19. El artículo 18 de la LO 3/2007, exige al Gobierno la elaboración de un informe periódico sobre el conjunto de sus actuaciones en relación con la efectividad del principio de igualdad entre mujeres y hombres. Los términos en que se elaborarán estos informes se determinarán:

a) Por ley orgánica.
b) Por ley.
c) Reglamentariamente.
d) En una ley de bases.

20. El Gobierno dará cuenta del informe sobre el conjunto de sus actuaciones en relación con la efectividad del principio de igualdad entre mujeres y hombres:

a) Al Congreso de los Diputados.
b) A las Cortes Generales.
c) A las asociaciones y organizaciones de mujeres.
d) Al Defensor del Pueblo.

21. Los proyectos de disposiciones de carácter general y los planes de especial relevancia económica, social, cultural y artística que se sometan a la aprobación del Consejo de Ministros deberán incorporar:

a) Un Plan Estratégico de Igualdad de Oportunidades.
b) Una estadística o encuesta que posibilite el conocimiento de las diferencias en los valores, roles, situaciones y condiciones, de mujeres y hombres en el ámbito de acción del proyecto o plan.
c) Un informe periódico sobre el conjunto de sus actuaciones en relación con la efectividad del principio de igualdad entre mujeres y hombres.
d) Un informe sobre su impacto por razón de género.

22. El artículo 20 de la LO 3/2007, establece una serie de medidas obligatorias a las que se someterán los estudios y estadísticas que elaboren los poderes públicos. Cuál de las siguientes es una de dichas medidas:

a) Excluir sistemáticamente la variable de sexo en las estadísticas, encuestas y recogida de datos que lleven a cabo.
b) Realizar muestras lo suficientemente amplias para evitar que las diversas variables incluidas puedan ser explotadas y analizadas en función de la variable de sexo.

c) Explotar los datos de que disponen de modo que se puedan conocer las diferentes situaciones, condiciones, aspiraciones y necesidades de mujeres y hombres en los diferentes ámbitos de intervención.

d) Establecer e incluir en las operaciones estadísticas nuevos indicadores que posibiliten un mejor conocimiento de las similitudes en los valores, roles, situaciones, condiciones, aspiraciones y necesidades de mujeres y hombres.

23. Conforme al artículo 21 de la LO 3/2007, la Administración General del Estado y las Administraciones de las Comunidades Autónomas cooperarán para integrar el derecho de igualdad entre mujeres y hombres en el ejercicio de sus respectivas competencias y, en especial, en sus actuaciones de:

a) Supervisión.
b) Planificación.
c) Regulación.
d) Dirección.

24. Conforme al artículo 22 de la LO 3/2007, las corporaciones locales, con el fin de avanzar hacia un reparto equitativo de los tiempos entre mujeres y hombres, podrán establecer:

a) Planes Municipales de Empleo con perspectiva de género.
b) Ordenanzas de regulación del tiempo.
c) Ordenanzas o Edictos de representación equilibrada en los tiempos de la ciudad.
d) Planes Municipales de organización del tiempo de la ciudad.

25. Conforme al artículo 26 de la LO 3/2007, los distintos organismos, agencias, entes y demás estructuras de las administraciones públicas que de modo directo o indirecto configuren el sistema de gestión cultural, desarrollarán, entre otras actuaciones, la adopción de iniciativas destinadas a favorecer la promoción específica de las mujeres en la cultura y a combatir su discriminación estructural y/o:

a) Difusa.
b) Generacional.
c) Ambigua.
d) Encubierta.

26. Conforme al artículo 16 del Estatuto de Autonomía de Andalucía, las mujeres tienen derecho a una protección contra la violencia de género:

a) Judicial.
b) Asistencial.
c) Efectiva.
d) Integral.

27. Según el artículo 107 del Estatuto de Autonomía de Andalucía, en los nombramientos y designaciones de instituciones y órganos que corresponda efectuar al Parlamento de Andalucía regirá el principio de:

a) No discriminación por razón de sexo.
b) Alternancia de sexos, en cremallera.
c) Presencia equilibrada entre hombres y mujeres.
d) Igualdad de oportunidades.

28. La Ley 12/2007, de 26 de noviembre, para la Promoción de la Igualdad de Género en Andalucía tiene como objetivo principal garantizar la vinculación de los poderes públicos en todos los ámbitos, en el cumplimiento, como instrumento imprescindible para el ejercicio de las competencias autonómicas en clave de género, de:

a) La transversalidad.
b) La humanización de la sociedad.
c) La Agenda 2030.
d) La perspectiva de sexo.

29. Según el artículo 7 de la Ley 12/2007, de 26 de noviembre, para la promoción de la igualdad de género en Andalucía, el Consejo de Gobierno de la Junta de Andalucía formulará un Plan Estratégico para la Igualdad de Mujeres y Hombres en Andalucía, con la participación de:

a) Todas las consejerías.
b) El Gobierno de la Nación.
c) El Parlamento de Andalucía.
d) Las Entidades Locales.

30. Según el artículo 27.5 de la Ley 12/2007, de 26 de noviembre, para la promoción de la igualdad de género en Andalucía, los planes de igualdad:

a) Podrán ser objeto de inscripción voluntaria en registro público conforme a lo dispuesto en la normativa estatal sobre la materia.
b) Serán objeto de inscripción obligatoria en registro público conforme a lo dispuesto en la normativa autonómica sobre la materia.
c) Podrán ser objeto de inscripción voluntaria en registro público conforme a lo dispuesto en la normativa autonómica sobre la materia.
d) Serán objeto de inscripción obligatoria en registro público conforme a lo dispuesto en la normativa estatal sobre la materia.

31. Según el artículo 13 de la Ley 12/2007, de 26 de noviembre, para la promoción de la igualdad de género en Andalucía, la Administración de la Junta de Andalucía incorporará a las bases reguladoras de las subvenciones públicas la valoración de actuaciones de efectiva consecución de la igualdad de género por parte de las entidades solicitantes:

a) En todo caso.
b) Salvo que por Ley, se exima expresamente de tal valoración.
c) Salvo en aquellos casos en que, por la naturaleza de la subvención o de las entidades solicitantes, esté justificada su no incorporación.
d) Salvo que se trate de subvenciones de carácter sectorial.

32. Según el artículo 13.2 de la Ley 12/2007, de 26 de noviembre, para la promoción de la igualdad de género en Andalucía, la Administración de la Junta de Andalucía no formalizará contratos ni subvencionará, bonificará o prestará ayudas públicas a aquellas personas físicas o jurídicas condenadas por alentar o tolerar prácticas laborales consideradas discriminatorias por la legislación vigente, durante un plazo desde la fecha de la condena por sentencia firme, de:

a) 2 años.
b) 3 años.
c) 4 años.
d) 5 años.

33. Conforme al artículo 15.4 de la Ley 12/2007, la Administración educativa andaluza, con el fin de integrar la perspectiva de género en su labor, garantizará que los órganos responsables de la evaluación, calidad e investigación educativa, así como los servicios de apoyo y formación al profesorado, cuenten con personal capacitado específicamente en materia de:

a) Cogobernanza.
b) Coenseñanza.
c) Cooperación.
d) Coeducación.

34. Conforme al artículo 16 de la Ley 12/2007, la Consejería competente en materia de educación creará una comisión de personas expertas en coeducación, para el seguimiento del lenguaje, de las imágenes y de los contenidos de los materiales curriculares y los libros de texto que se utilicen en el ámbito del sistema educativo de Andalucía. Esta comisión emitirá un informe anual, que remitirá para su conocimiento a:

a) La Consejería competente en materia de igualdad.
b) El Instituto Andaluz de la Mujer.
c) La Comisión Interdepartamental para la Igualdad de Mujeres y Hombres en Andalucía.
d) El Consejo Andaluz de Participación de las Mujeres.

35. Según el artículo 18.2 de la Ley 12/2007, en el Consejo Escolar de Andalucía participará una persona en representación de:

a) El Instituto Andaluz de la Mujer.
b) La Consejería competente en materia de igualdad.
c) El Consejo Andaluz de Participación de las Mujeres.
d) Las asociaciones para la promoción de la igualdad de género.

36. Según el artículo 26 bis de la Ley 12/2007, la Consejería competente en materia de empleo realizará anualmente estudios que permitan analizar las diferencias retributivas entre mujeres y hombres en las empresas y sectores de Andalucía, sus causas y su evolución en el tiempo, con el fin de diseñar políticas e incentivos que permitan erradicar estas situaciones. De los estudios se dará traslado, para su conocimiento, a:

a) La Consejería competente en materia de igualdad.
b) El Parlamento de Andalucía.
c) El Consejo Andaluz de Participación de las Mujeres.
d) El Instituto Andaluz de la Mujer.

37. Según el artículo 31 de la Ley 12/2007, las ofertas públicas de empleo de la Administración de la Junta de Andalucía:

a) Incluirán plazas a ocupar por mujeres víctimas de violencia de género.
b) Deberán ir acompañadas de la evaluación del impacto por razón de género que se incluirá en la MAIN.
c) Garantizarán la presencia equilibrada de mujeres y hombres en las plazas ofertadas.
d) Deberán incorporar medidas de acción positiva para la incorporación de mujeres.

38. La aplicación de la Ley Orgánica 1/2004, de 28 de diciembre:

a) No supone la existencia necesariamente de convivencia entre la víctima y el agresor.
b) Supone que en algún momento anterior haya existido convivencia entre la víctima y el agresor,
c) Supone la convivencia, al menos en el momento del hecho, entre la víctima y el agresor.
d) Supone siempre la inexistencia de convivencia entre la víctima y el agresor.

39. Las medidas de protección integral de la Ley Orgánica 1/2004, de 28 de diciembre:

a) No tienen finalidad sancionadora.
b) Su finalidad es esencialmente reparadora.
c) Tienen finalidad previsora y sancionadora.
d) Tienen finalidad prioritariamente sancionadora.

40. La violencia de género a que se refiere la Ley Orgánica 1/2004, de 28 de diciembre:

a) Incluye las amenazas y las coacciones.

b) Incluye las amenazas y las coacciones solo cuando vayan acompañadas o seguidas de privación de libertad.

c) Incluye las amenazas, pero no las coacciones salvo que vayan seguidas de hechos violentos.

d) Incluye las coacciones pero no las amenazas salvo que vayan seguidas de hechos violentos.

41. Conforme al artículo 3 de la LO 1/2004, el Plan Nacional de Sensibilización y Prevención de la Violencia de Género debe dirigirse tanto a hombres como a mujeres desde un trabajo comunitario y:

a) Multidisciplinar.

b) Integral.

c) Complementario.

d) Intercultural.

42. Conforme al artículo 3 de la LO 1/2004, con el fin de prevenir la violencia de género, en el marco de sus competencias, los poderes públicos deben impulsar:

a) Cursos de información y sensibilización.

b) Campañas de información y sensibilización.

c) Programas de información y sensibilización.

d) Jornadas de información y sensibilización.

43. La Ley Orgánica de Medidas de Protección integral contra la Violencia de Género, determina que desarrollar actividades en la resolución pacífica de conflictos y fomentar el respeto a la dignidad de las personas y a la igualdad entre hombres y mujeres, estará incluido entre los objetivos de:

a) La Educación Secundaria Obligatoria.

b) El Bachillerato y la Formación Profesional.

c) Las Universidades.

d) La enseñanza para las personas adultas.

44. Cuando las víctimas de violencia de género careciesen de rentas superiores, en cómputo mensual, al 75 por 100 del salario mínimo interprofesional, excluida la parte proporcional de dos pagas extraordinarias, recibirán una ayuda de pago único, siempre que se presuma que debido a su edad, falta de preparación general o especializada y circunstancias sociales, la víctima tendrá especiales dificultades para obtener un empleo y por dicha circunstancia no participará en los programas de empleo establecidos para su inserción profesional. El importe de esta ayuda será equivalente:

a) Al de 3 meses de subsidio por desempleo.

b) Al de 6 meses de subsidio por desempleo.

c) Al de 9 meses de subsidio por desempleo.
d) Al de 12 meses de subsidio por desempleo.

45. A las trabajadoras por cuenta propia víctimas de violencia de género que cesen en su actividad para hacer efectiva su protección o su derecho a la asistencia social integral, se les suspenderá la obligación de cotización durante un período que les será considerado como de cotización efectiva a efectos de las prestaciones de Seguridad Social, de:

a) 6 meses.
b) 9 meses.
c) 1 año.
d) 18 meses.

46. Los derechos reconocidos por la Ley 13/2007, de 26 de noviembre, de Medidas de Prevención y Protección Integral contra la Violencia de Género, de la Comunidad Autónoma de Andalucía, se garantizan:

a) Con independencia de la vecindad civil, siempre que la víctima se encuentre en el territorio andaluz.
b) Siempre que la víctima tenga la vecindad andaluza con independencia del lugar del territorio nacional en que se encontrara en el momento de los hechos.
c) Solo cuando la vecindad civil de la víctima sea andaluza y se encuentre en el territorio andaluz en el momento que sucedieron los hechos.
d) Solo cuando la vecindad civil de la víctima sea andaluza y se encuentre en el territorio andaluz.

47. El Plan integral de sensibilización y prevención contra la violencia de género en Andalucía:

a) Será coordinado por la Consejería competente en materia de violencia de género.
b) Se aprobará periódicamente, determinándose dicho periodo reglamentariamente.
c) Será coordinado por la Consejería competente en materia de violencia de género y participarán todas las demás Consejerías.
d) Será aprobado por el Parlamento de Andalucía.

48. Según el artículo 4 de la Ley 13/2007, la actuación de los poderes públicos de Andalucía tendente a la erradicación de la violencia de género deberá inspirarse, entre otros, en el principio de adopción de medidas que garanticen los derechos de las mujeres víctimas de violencia de género, de acuerdo con los principios de universalidad, accesibilidad, proximidad, confidencialidad de las actuaciones, protección de los datos personales, tutela y acompañamiento en los trámites procedimentales y respeto a su capacidad de:

a) Organización.
b) Ejecución.

c) Evaluación.
d) Decisión.

49. El Observatorio Andaluz de la Violencia de Género es un órgano colegiado, de composición interdepartamental, con participación administrativa y social y funciones asesoras y de evaluación de las políticas y medidas tomadas para prevenir y combatir todas las formas de violencia incluidas en la Ley 13/2007, procediendo a su análisis y:

a) Difusión.
b) Control.
c) Arbitraje.
d) Normalización.

50. La finalidad esencial de la estrategia de comunicación del Plan integral de sensibilización y prevención contra la violencia de género en Andalucía es:

a) Sensibilizar a mujeres y hombres, modificar los modelos y actitudes, mitos y prejuicios sexistas y concienciar a la sociedad sobre la violencia de género como una problemática social que atenta contra nuestro sistema de valores.
b) La detección, atención y prevención de la violencia de género, prestando una especial consideración a los grupos de mujeres más vulnerables.
c) La sensibilización con programas y actuaciones de prevención de todas las formas de violencia y desigualdades de género dirigidos a la población masculina, con especial incidencia entre los jóvenes, insistiendo en la necesidad de promover una sociedad más igualitaria entre mujeres y hombres.
d) Incidir, desde la etapa infantil hasta los niveles superiores, en la igualdad entre mujeres y hombres y en el respeto de los derechos y libertades fundamentales, dotando de los instrumentos que permitan la detección precoz de la violencia de género, incluyendo la coeducación de manera transversal y la educación afectivo-sexual de acuerdo con el desarrollo evolutivo de los niños y niñas.

51. Conforme al artículo 26 de la Ley 13/2007, las Administraciones públicas de Andalucía, en el ámbito de sus competencias, deberán garantizar a las mujeres víctimas de violencia de género el derecho a recibir en cualquier momento ...., asesoramiento y atención adecuada a su situación personal y necesidades específicas. Señala la palabra que falta:

a) Protección.
b) Tutela.
c) Información.
d) Acompañamiento.

52. El artículo 29 de la Ley 13/2007 dispone la obligación de la Administración de la Junta de Andalucía, respecto a hijos e hijas y de menores a su cargo, que se vean afectados por un cambio de residencia como consecuencia de la violencia de género, de garantizar:

a) La adaptación al medio.
b) La protección social.
c) La atención psicológica.
d) La escolarización inmediata.

53. Según el artículo 30 de la Ley 13/2007, en los casos de acoso sexual y por razón de sexo en el ámbito laboral, la acreditación de la situación de violencia de género para el reconocimiento de derechos regulados en esta ley y los que deriven de su desarrollo reglamentario, se realizará a través de:

a) Informe del empresario o jefe directo de la víctima.
b) Informe de los Servicios de Prevención de la empresa.
c) Informe de la Inspección de Trabajo y de la Seguridad Social.
d) Declaración jurada de la víctima.

54. Para garantizar la ordenación de sus actuaciones en la prevención, asistencia y persecución de los actos de violencia de género, que deberán implicar a las Administraciones sanitarias, la Administración de justicia, las Fuerzas y Cuerpos de Seguridad y los servicios sociales y organismos de igualdad; el artículo 31 de la Ley 13/2007 encomienda a los poderes públicos la elaboración de planes de:

a) Emergencia.
b) Protección Civil.
c) Seguridad Personal.
d) Colaboración.

55. El artículo 37 de la Ley 13/2007 prevé la organización, por la Consejería que ostente las competencias en materia de Justicia, de las unidades de valoración integral de violencia de género, a través de:

a) La Policía Judicial.
b) Los Institutos de Medicina Legal.
c) Los Juzgados de Instrucción.
d) Los Juzgados de Violencia sobre la Mujer.

56. Ofrecen una acogida temporal a las mujeres y menores que las acompañen, garantizándoles una atención integral multidisciplinar, para que las mujeres sean capaces de recuperarse de los efectos de la violencia padecida:

a) Los centros de emergencia.
b) Las casas de acogida.
c) Las residencias públicas.
d) Los pisos tutelados.

57. Según su artículo 2, la Ley 4/2023 será de aplicación:

a) A toda persona física, de carácter público, que resida en territorio español, cualquiera que fuera su nacionalidad, origen racial o étnico, religión, domicilio, residencia, edad, estado civil o situación administrativa, en los términos y con el alcance que se contemplan en esta ley y en el resto del ordenamiento jurídico.

b) A toda persona física o jurídica, de carácter público o privado, que resida, se encuentre o actúe en territorio español, de nacionalidad española, en los términos y con el alcance que se contemplan en esta ley y en el resto del ordenamiento jurídico.

c) A toda persona física, de carácter público o privado, que resida o se encuentre o actúe en territorio español, cualquiera que fuera su nacionalidad, origen racial o étnico, religión, domicilio, residencia, edad, estado civil o situación administrativa, en los términos y con el alcance que se contemplan en esta ley.

d) A toda persona física o jurídica, de carácter público o privado, que resida, se encuentre o actúe en territorio español, cualquiera que fuera su nacionalidad, origen racial o étnico, religión, domicilio, residencia, edad, estado civil o situación administrativa, en los términos y con el alcance que se contemplan en esta ley y en el resto del ordenamiento jurídico.

58. El objeto de la Ley para la igualdad real y efectiva de las personas trans y para la garantía de los derechos de las personas LGTBI es:

a) La ordenación de las políticas públicas y la regulación de estructuras, recursos y servicios en favor de la rectificación pública de este colectivo.

b) Garantizar y promover el derecho a la igualdad real y efectiva de las personas lesbianas, gais, trans, bisexuales e intersexuales, así como de sus familias.

c) Armonizar los requisitos para el reconocimiento de la condición efectiva de las personas pertenecientes a la comunidad LGTBI.

d) Definir el instrumento principal de colaboración entre las distintas comunidades y colectivos para lograr el respeto hacia la comunidad LGTBI.

59. Se produce cuando una disposición, criterio o práctica aparentemente neutros ocasiona o puede ocasionar a una o varias personas una desventaja particular con respecto a otras por razón de orientación sexual, e identidad sexual, expresión de género o características sexuales. Nos referimos a:

a) Discriminación directa.
b) Discriminación interseccional.
c) Discriminación indirecta.
d) Discriminación por error.

60. ¿Cómo se denomina a la condición de aquellas personas nacidas con unas características biológicas, anatómicas o fisiológicas, una anatomía sexual, unos órganos reproductivos o un patrón cromosómico que no se corresponden con las nociones socialmente establecidas de los cuerpos masculinos o femeninos?:

a) Orientación sexual indefinida.
b) Identidad sexual neutra.

c) Expresión de género abierta.
d) Intersexualidad.

61. Cualquier conducta realizada por razón de alguna de las causas de discriminación previstas en la Ley 4/2023, con el objetivo o la consecuencia de atentar contra la dignidad de una persona o grupo en que se integra y de crear un entorno intimidatorio, hostil, degradante, humillante u ofensivo, es denominada:

a) Acoso discriminatorio.
b) Discriminación por asociación.
c) LGTBIfobia.
d) Discriminación directa.

62. La bifobia es toda actitud, conducta o discurso de rechazo, repudio, prejuicio, discriminación o intolerancia hacia las personas:

a) Homosexuales.
b) Heterosexuales.
c) Transexuales.
d) Bisexuales.

63. ¿Cuál es el órgano de participación ciudadana en materia de derechos y libertades de las personas LGTBI?

a) La Comisión Paritaria de las Personas LGTBI.
b) El Consejo de Participación de las Personas LGTBI.
c) La Secretaría de Igualdad y contra la Violencia de Género.
d) El Consejo para la liberación LGTBI.

64. Las medidas de protección frente a la discriminación y la violencia por causas previstas en la Ley 4/2023, que serán adoptadas por las administraciones públicas, en el ámbito de sus competencias, concentran sus esfuerzos en:

a) La erradicación de situaciones discriminativas.
b) El conocimiento de supuestos de discriminación.
c) La prevención y detección de tales situaciones.
d) La intervención frente a la discriminación y la violencia.

65. Según el artículo 10.3 de la Ley 4/2023, la Estrategia estatal para la igualdad de trato y no discriminación de las personas LGTBI tendrá carácter:

a) Anual.
b) Bianual.
c) Trianual.
d) Cuatrienal.

Solución al test n.º 4

1. c) Artículo 14.

2. b) Igualdad de trato y de oportunidades entre mujeres y hombres.

3. a) A toda persona, física o jurídica, que se encuentre o actúe en territorio español, cualquiera que fuese su nacionalidad, domicilio o residencia.

4. b) Se garantizará incluso en el acceso al trabajo por cuenta propia.

5. a) Discriminación directa.

6. c) No se considera discriminación indirecta si dicha disposición, criterio o práctica pueden justificarse objetivamente en atención a una finalidad legítima y los medios para alcanzar dicha finalidad son necesarios y adecuados.

7. d) Cualquier comportamiento, verbal o físico, de naturaleza sexual que tenga el propósito o produzca el efecto de atentar contra la dignidad de una persona, en particular cuando se crea un entorno intimidatorio, degradante u ofensivo.

8. c) Discriminación directa por razón de sexo.

9. c) Acoso por razón de sexo.

10. d) Disuasorio.

11. b) Nulos y sin efecto.

12. d) Proporcionadas.

13. b) Incluso tras la terminación de la relación en la que supuestamente se ha producido la discriminación.

14. c) Las personas físicas y jurídicas con interés legítimo.

15. b) Sobre acoso sexual y acoso por razón de sexo.

16. a) Conciliación y corresponsabilidad.

17. b) Transversal.

18. d) Periódicamente.

19. c) Reglamentariamente.

20. b) A las Cortes Generales.

21. d) Un informe sobre su impacto por razón de género.

22. c) Explotar los datos de que disponen de modo que se puedan conocer las diferentes situaciones, condiciones, aspiraciones y necesidades de mujeres y hombres en los diferentes ámbitos de intervención.

23. b) Planificación.

24. d) Planes Municipales de organización del tiempo de la ciudad.

25. a) Difusa.

26. d) Integral.

27. c) Presencia equilibrada entre hombres y mujeres.

28. a) La transversalidad.

29. d) Las Entidades Locales.

30. d) Serán objeto de inscripción obligatoria en registro público conforme a lo dispuesto en la normativa estatal sobre la materia.

31. c) Salvo en aquellos casos en que, por la naturaleza de la subvención o de las entidades solicitantes, esté justificada su no incorporación.

32. d) 5 años.

33. d) Coeducación.

34. d) El Consejo Andaluz de Participación de las Mujeres.

35. a) El Instituto Andaluz de la Mujer.

36. c) El Consejo Andaluz de Participación de las Mujeres.

37. b) Deberán ir acompañadas de la evaluación del impacto por razón de género que se incluirá en la MAIN.

38. a) No supone la existencia necesariamente de convivencia entre la víctima y el agresor.

39. c) Tienen finalidad previsora y sancionadora.

40. a) Incluye las amenazas y las coacciones.

41. d) Intercultural.

42. b) Campañas de información y sensibilización.

43. d) La enseñanza para las personas adultas.

44. b) Al de 6 meses de subsidio por desempleo.

45. a) 6 meses.

46. a) Con independencia de la vecindad civil, siempre que la víctima se encuentre en el territorio andaluz.

47. a) Será coordinado por la Consejería competente en materia de violencia de género.

48. d) Decisión.

49. a) Difusión.

50. a) Sensibilizar a mujeres y hombres, modificar los modelos y actitudes, mitos y prejuicios sexistas y concienciar a la sociedad sobre la violencia de género como una problemática social que atenta contra nuestro sistema de valores.

51. c) Información.

52. d) La escolarización inmediata.

53. c) Informe de la Inspección de Trabajo y de la Seguridad Social.

54. d) Colaboración.

55. b) Los Institutos de Medicina Legal.

56. b) Las casas de acogida.

57. d) A toda persona física o jurídica, de carácter público o privado, que resida, se encuentre o actúe en territorio español, cualquiera que fuera su nacionalidad, origen racial o étnico, religión, domicilio, residencia, edad, estado civil o situación administrativa, en los términos y con el alcance que se contemplan en esta ley y en el resto del ordenamiento jurídico.

58. b) Garantizar y promover el derecho a la igualdad real y efectiva de las personas lesbianas, gais, trans, bisexuales e intersexuales, así como de sus familias.

59. c) Discriminación indirecta.

60. d) Intersexualidad.

61. a) Acoso discriminatorio.

62. d) Bisexuales.

63. b) El Consejo de Participación de las Personas LGTBI.

64. c) La prevención y detección de tales situaciones.

65. d) Cuatrienal.

MATERIAS ESPECÍFICAS

TEST N.º 1

Papel del personal con categoría de Auxiliar de Clínica en el equipo multidisciplinar de un centro sociosanitario de carácter residencial, tareas a desarrollar en el área asistencial

1. ¿Qué es la representación esquemática de la realidad?

a) Una teoría.
b) Un modelo.
c) Un axioma.
d) Una fantasía.

2. ¿Cuál de estas no es una ventaja de trabajar con un modelo de Enfermería?

a) La atención prestada es integral y permite llevar a cabo todo el proceso de atención de enfermería.
b) La valoración se hace basándose en respuestas humanas y no sobre la base de signos y síntomas.
c) Se clarifica nuestro campo de asistencia, pudiendo llevar a cabo actividades independientes.
d) El equipo enfermero se subordina a todas las decisiones del facultativo, y mengua así las responsabilidades sobre los enfermos.

3. ¿Qué modelo de Enfermería está basado en la relación enfermera-paciente y se refiere a todo contacto en el que dos personas ejercen una influencia mutua por medio de la comunicación?

a) Modelo ecológico.
b) Modelo interaccionista.
c) Modelo de autocuidados.
d) Modelo de sistemas.

4. ¿Qué autora destaca en el modelo de enfermería basado en la adaptación?

a) Virginia Henderson.
b) Callista Roy.

c) Nancy Roper.
d) Florence Nightingale.

5. ¿Qué relación enfermera-paciente se da en el modelo de Virginia Henderson, cuando la enfermera colabora con el enfermo, auxiliándole a recuperar su independencia?

a) Relación de la enfermera como un sustituto.
b) Relación de la enfermera como ayuda.
c) Relación de la enfermera como compañera.
d) Relación de la enfermera como madre.

6. ¿Qué sistema de enfermería, según Dorothea E. Orem, es aquel que va dirigido a pacientes que son capaces o deben aprender a realizar acciones propias de su autocuidado y que, en principio, no pueden hacerlo sin la correspondiente ayuda?

a) Sistema de enfermería de apoyo educativo.
b) Sistema de enfermería totalmente compensador.
c) Sistema de enfermería parcialmente compensador.
d) Sistema de enfermería sin compensaciones.

7. ¿A qué se le denomina el método científico de planificar y aplicar los cuidados dentro de la profesión de enfermería?

a) Al Diagnóstico enfermero.
b) Al Proceso de Atención de Enfermería.
c) A la Planificación de Enfermería.
d) A nada de lo anterior.

8. Todo lo que se dice sobre el proceso de atención de Enfermería que nos dota de unas herramientas aplicadas a la enfermería es cierto, excepto que produzca que:

a) Impida el trato personalizado con el enfermo, dado que nuestro objetivo es el paciente, no la patología.
b) Evitemos olvidos, pues la sistemática de trabajo nos obliga a apuntarlo todo.
c) Se produzcan las repeticiones, ya que cada profesional antes de comenzar su labor leerá las anotaciones anteriores.
d) Incrementemos con su uso la calidad de los cuidados.

9. ¿Qué es dentro del proceso de atención de enfermería la elaboración de un plan de cuidados precisos, adaptado a la situación ante la que nos encontremos?

a) Valoración.
b) Diagnóstico.
c) Planificación.
d) Ejecución.

10. ¿De quién obtendremos los datos del paciente probablemente más fidedig-nos a la hora de recabar los mismos para una adecuada valoración en el proceso de atención de enfermería?

a) De su familia.
b) Del propio paciente.
c) De Psicólogos.
d) Técnico en Cuidados Auxiliares de Enfermería.

11. El término diagnosticar proviene del griego diagnostikós y significa:

a) Creer.
b) Restar.
c) Aminorar.
d) Distinguir.

12. ¿Cómo se denomina la modalidad de diagnóstico enfermero donde no se detectan de momento problemas de salud, lo cual no quiere decir que no existan necesidades de aprendizaje y cambio de hábitos para mantener y fomentar el estado de salud integral?

a) Diagnóstico de bienestar.
b) Diagnóstico potencial.
c) Diagnóstico real.
d) Diagnóstico absoluto.

13. ¿En qué tipo de diagnóstico enfermero hay que actuar con rapidez, eliminan-do los factores de riesgo?

a) Diagnóstico de bienestar.
b) Diagnóstico potencial.
c) Diagnóstico real.
d) Diagnóstico absoluto.

14. ¿Qué diagnóstico enfermero es aquel que define una situación que está pre-sente y que por tanto puede ser validada por la presencia de signos y síntomas?

a) Diagnóstico clínico.
b) Diagnóstico real.
c) Diagnóstico de bienestar.
d) Diagnóstico potencial.

15. ¿Qué formato debe seguir (según la NANDA) el procedimiento de elabora-ción de un diagnóstico de enfermería?

a) El formato RAS.
b) El formato DIR.

c) El formato PES.
d) El formato ARD.

16. ¿Qué indica la letra "E" en el formato PES de la NANDA, llevado a cabo en la elaboración de un diagnóstico de enfermería?

a) Enfermedad.
b) Empatía.
c) Etiología.
d) Enfermo.

17. ¿Cuál es el pico o vértice de la pirámide de Maslow en la estructura jerárquica de necesidades?

a) Necesidad de autorrealización.
b) Necesidad de estima.
c) Necesidad de seguridad.
d) Necesidad de integración.

18. ¿Qué modalidad o forma de realización de evaluación (PAE) emplearemos si se usan criterios previamente establecidos, tratando de evidenciar el nivel de calidad del PE y ayudándonos para su desarrollo los registros de Enfermería?

a) Evaluaciones protocolizadas.
b) Evaluaciones de observación diaria.
c) Evaluaciones de observación semanal.
d) Auditorías.

19. ¿Cuántos Dominios totales constituye el primer nivel de la taxonomía II NANDA?

a) 3.
b) 8.
c) 13.
d) 25.

20. El primer nivel de la taxonomía II NANDA lo constituyen los denominados Dominios; ¿cuál se corresponde con el número 8?

a) Promoción de la salud.
b) Nutrición.
c) Sexualidad.
d) Confort.

21. ¿Con qué acrónimo se conoce la clasificación de Intervenciones de Enfermería?

a) NIC.
b) NOC.

c) NANDA.
d) CIE.

22. ¿A qué se denomina todo tratamiento que, basado en el conocimiento y juicio clínico, realiza un profesional de enfermería para favorecer el resultado esperado del paciente?

a) PAE.
b) PE.
c) Intervención de Enfermería.
d) Diagnóstico Enfermero.

23. ¿Qué es el lenguaje NOC en Enfermería?

a) Una clasificación de resultados de la actividad enfermera.
b) Una clasificación de intervención de Enfermería.
c) Una clasificación de diagnóstico de Enfermería.
d) Nada de lo anterior es cierto.

24. ¿Qué es falso de las funciones de los Técnicos en Cuidados Auxiliares de Enfermería?

a) Se encargan de ayudar a cuidar física o psicológicamente a heridos, enfermos, y personas en hospitales.
b) Abordan los cuidados de enfermería que requieren conocimientos y destrezas menos complejas, pero que exigen una competencia en las técnicas.
c) Se encuentran entre las profesiones denominadas de atención indirecta, debido a su papel en el trabajo con los pacientes.
d) Necesitan cuidados de corta, media y larga duración.

25. ¿Dónde se regulan las funciones de los Técnicos en Cuidados Auxiliares de Enfermería?

a) En el Estatuto de Personal Sanitario no Facultativo de las Instituciones Sanitarias de la Seguridad Social.
b) En el Estatuto de Personal Sanitario Facultativo de las Instituciones Sanitarias de la Seguridad Social.
c) En el Estatuto de Personal no Sanitario de las Instituciones Sanitarias de la Seguridad Social.
d) En el Estatuto de Personal Subalterno de las Instituciones Sanitarias de la Seguridad Social.

26. ¿Qué función no ejercerán los Técnicos en Cuidados Auxiliares de Enfermería?

a) Llevar las cuñas a los enfermos y retirarlas, teniendo cuidado de su limpieza.
b) Realizar la limpieza de los carros de cura y de su material.
c) Colaborará en la administración de medicamentos por vía oral, rectal y parenteral.
d) Realizarán todas las funciones señaladas anteriormente.

27. ¿En qué normativa se recogen las funciones de los Auxiliares de Enfermería en los equipos de Atención Primaria?

a) En la Ley 55/2003, de 16 de diciembre, sobre el Estatuto Marco del Personal Estatutario.

b) En el Real Decreto 137/84 sobre estructuras básicas de Salud.

c) En el Real Decreto 1393/2007, de 29 de octubre, por el que se establece la ordenación de las enseñanzas no universitarias oficiales.

d) En el Decreto 546/1995, donde se establece el currículo formativo del TCAE.

Solución al test n.º 1

1. b) Un modelo.

2. d) El equipo enfermero se subordina a todas las decisiones del facultativo, y mengua así las responsabilidades sobre los enfermos.

3. b) Modelo interaccionista.

4. b) Callista Roy.

5. b) Relación de la enfermera como ayuda.

6. a) Sistema de enfermería de apoyo educativo.

7. b) Al Proceso de Atención de Enfermería.

8. a) Impida el trato personalizado con el enfermo, dado que nuestro objetivo es el paciente, no la patología.

9. c) Planificación.

10. b) Del propio paciente.

11. d) Distinguir.

12. a) Diagnóstico de bienestar.

13. b) Diagnóstico potencial.

14. b) Diagnóstico real.

15. c) El formato PES.

16. c) Etiología.

17. a) Necesidad de autorrealización.

18. d) Auditorías.

19. c) 13.

20. c) Sexualidad.

21. a) NIC.

22. c) Intervención de Enfermería.

23. a) Una clasificación de resultados de la actividad enfermera.

24. c) Se encuentran entre las profesiones denominadas de atención indirecta, debido a su papel en el trabajo con los pacientes.

25. a) En el Estatuto de Personal Sanitario no Facultativo de las Instituciones Sanitarias de la Seguridad Social.

26. c) Colaborará en la administración de medicamentos por vía oral, rectal y parenteral.

27. b) En el Real Decreto 137/84 sobre estructuras básicas de Salud.

TEST N.º 2

Papel del personal con categoría de Auxiliar de Clínica en el procedimiento de acogida de la nueva persona usuaria el día del ingreso en un centro sociosanitario de carácter residencial

1. Uno de los índices utilizados para valorar el nivel de independencia de una persona es:

a) El índice de Barlow.
b) El test de Cooper
c) El índice de Norton.
d) El índice de Barthel.

2. ¿Cuál es el instrumento más utilizado para valorar la movilidad de un individuo a través de la marcha y el equilibrio?

a) Escala de Tinetti.
b) Escala OARS.
c) Índice de Lawton.
d) Índice de Katz.

3. ¿Cuántos ítems posee el Índice de Barthel?

a) 5.
b) 10.
c) 15.
d) 20.

4. La máxima independencia, si esta se mide por el índice de Barthel, tiene una puntuación de:

a) 25.
b) 50.
c) 75.
d) 100.

5. ¿Cuál de los siguientes instrumentos valorará las actividades básicas de la vida diaria?

a) La EVOLT.
b) EL ACIS.
c) El índice de Barthel.
d) El cuestionario de Pfeiffer.

6. Cuando una persona es capaz de realizar actividades de la vida diaria basadas en sus propias capacidades, habilidades e intereses sin depender de nadie, decimos que tiene:

a) Autonomía.
b) Independencia.
c) Autoeficacia.
d) Integración.

7. Las tareas más elementales de la persona, que le permiten desenvolverse con un mínimo de autonomía e independencia se llaman:

a) Actividades básicas de la vida diaria.
b) Actividades instrumentales de la vida diaria.
c) Actividades primarias.
d) Actividades diarias de autonomía e independencia.

8. Siguiendo la Ley 39/2006, de 14 de diciembre, la dependencia:

a) Es la disminución de la capacidad de una persona o un grupo de personas para anticiparse, hacer frente y resistir a los efectos de un peligro natural o causado por la actividad humana, y para recuperarse de los mismos.
b) Es el síndrome clínico según el cual las personas son incapaces de resistir a las agresiones externas del medio, tales como los cambios del medio ambiente, heridas o enfermedades agudas.
c) Es la capacidad de una persona para efectuar sin ayuda las actividades de la vida diaria.
d) Es el estado de carácter permanente en que se encuentran las personas que precisan de la atención de otra u otras personas o ayudas importantes para realizar actividades básicas de la vida diaria.

9. ¿Quién debe acordar unos criterios comunes de composición y actuación de los órganos de valoración de las comunidades autónomas que serán de carácter público?

a) El Consejo Territorial de Servicios Sociales y del Sistema para la Autonomía y Atención a la Dependencia.
b) La Comisión Interterritorial de Defensa de los Derechos de las Personas Discapacitadas.

c) El Instituto de Servicios Sociales y Atención a la Dependencia.

d) La Comisión Interministerial de Cooperación y Atención a las Personas con Discapacidad.

10. Según la Ley de Dependencia, ¿cuántos grados de dependencia hay?

a) Dos.
b) Tres.
c) Cuatro.
d) Cinco.

11. La situación de dependencia moderada se considera de:

a) Grado I.
b) Grado II.
c) Grado III.
d) Grado IV.

12. El grado II de dependencia corresponde a:

a) Dependencia leve.
b) Dependencia moderada.
c) Gran dependencia.
d) Dependencia severa.

13. El baremo para determinar el grado de dependencia se ha de aprobar por:

a) Ley estatal.
b) Decreto de cada Comunidad Autónoma.
c) Real Decreto.
d) Orden Ministerial.

14. Cuando la persona necesita ayuda para realizar varias actividades básicas de la vida diaria dos o tres veces al día, pero no quiere el apoyo permanente de un cuidador o tiene necesidades de apoyo extenso para su autonomía personal, se dice que se encuentra en una situación de dependencia de grado:

a) I.
b) II.
c) III.
d) Moderada.

15. Para que el sistema sanitario adopte una visión humanizadora del trabajo, deberá:

a) Realizar una evaluación continua.
b) Desarrollar marcos teóricos-conceptuales sobre realidades y factores de vulnerabilidad de los pacientes.

c) Mantener una gestión que responda al bienestar en el ejercicio de las funciones de sus profesionales.

d) Permitir la intervención del usuario en la toma de decisiones que le afecten.

16. Una persona empática es aquella que:

a) Tiene el valor suficiente para mostrarse tal cual es.

b) Tiene la capacidad para saber responder en el momento justo con las palabras justas.

c) Tiene la capacidad para ponerse en el lugar de otro y compartir sus sentimientos.

d) Tiene la habilidad para ocultar sus emociones ante las dificultades de otros.

17. Existen ciertas habilidades que el personal sanitario debe desarrollar, en orden de cumplir las expectativas del paciente y su familia. ¿Cuál de ellas se relaciona con la primera impresión que obtiene el paciente y/o su familia del profesional sanitario?

a) La escucha activa.

b) La amabilidad.

c) La recogida de información.

d) La empatía.

18. Algunos de los aspectos que se estudian al realizar la valoración del estado funcional son:

a) Los indicadores de la gravedad de la enfermedad.

b) La autonomía en las actividades básicas e instrumentales de la vida diaria.

c) Las funciones cognoscitivas.

d) Las necesidades de cuidados.

19. ¿Cómo se llaman los códigos donde se especifican consideraciones morales acerca de aspectos complejos de la vida profesional y donde, generalmente, se contemplan sanciones para el supuesto caso de que alguien viole abiertamente el espíritu de dicho código?

a) Código penal.

b) Código deontológico.

c) Código de delitos y faltas.

d) Código de ética profesional.

20. Toda persona que intervenga en el tratamiento de los datos de carácter personal, tiene la obligación de guardar:

a) El decoro en su imagen física.

b) La documentación que maneja.

c) La salud y seguridad de los pacientes.

d) El secreto profesional.

21. Obligación que recae sobre una persona de reparar el daño que ha causado a otro, sea en naturaleza o bien por un equivalente monetario:

a) Responsabilidad penal.
b) Responsabilidad administrativa.
c) Responsabilidad civil.
d) Responsabilidad profesional.

22. ¿Cuál es la segunda etapa del Plan de Cuidados Individualizado?

a) Ejecución de intervenciones.
b) Planificación de intervenciones.
c) Valoración de la situación.
d) Diagnóstico y tratamiento.

23. Cuando en un proceso de valoración estudiamos la función afectiva, estamos atendiendo al siguiente aspecto:

a) Salud psicológica.
b) Estado funcional.
c) Situación socioeconómica-ambiental.
d) Salud física.

24. La comunicación entre profesionales y colaboradores es una comunicación de tipo:

a) Transversal.
b) Horizontal.
c) Vertical.
d) Lateral.

25. En un Plan de Cuidados Individualizado, la última etapa corresponde a:

a) Ejecución.
b) Baremación.
c) Evaluación.
d) Planificación.

Solución al test n.º 2

1. d) El índice de Barthel.

2. a) Escala de Tinetti.

3. b) 10.

4. d) 100.

5. c) El índice de Barthel.

6. a) Autonomía.

7. a) Actividades básicas de la vida diaria.

8. d) Es el estado de carácter permanente en que se encuentran las personas que precisan de la atención de otra u otras personas o ayudas importantes para realizar actividades básicas de la vida diaria.

9. a) El Consejo Territorial de Servicios Sociales y del Sistema para la Autonomía y Atención a la Dependencia.

10. b) Tres.

11. a) Grado I.

12. d) Dependencia severa.

13. c) Real Decreto.

14. b) II.

15. d) Permitir la intervención del usuario en la toma de decisiones que le afecten.

16. c) Tiene la capacidad para ponerse en el lugar de otro y compartir sus sentimientos.

17. a) La escucha activa.

18. b) La autonomía en las actividades básicas e instrumentales de la vida diaria.

19. b) Código deontológico.

20. d) El secreto profesional.

21. c) Responsabilidad civil.

22. d) Diagnóstico y tratamiento.

23. a) Salud psicológica.

24. b) Horizontal.

25. c) Evaluación.

TEST N.º 3

Los comportamientos, actitudes y hábitos de autonomía de la persona usuaria incontinente, en un centro sociosanitario de carácter residencial. Papel del personal con categoría de Auxiliar de Clínica

1. Se define como una secuenciación de pasos que debe seguir el profesional para realizar un procedimiento de atención de manera individualizada y correcta:

a) Protocolo.
b) Sistema.
c) Programa.
d) Reglamento.

2. El fin fundamental de un programa es proporcionar el mayor grado posible de independencia de los usuarios de la institución. En relación con los programas es cierto que:

a) Es fundamental que los objetivos se consensuen con el propio usuario.
b) La intervención terapéutica deberá comenzar por las tareas que le resulten menos gratificantes para después generalizar a las que le sean más apetecibles.
c) El programa debe poder abordarse en grupo.
d) El aspecto que más se debe cuidar es el de la persuasión, ya que las personas de entornos residenciales tienen enormes dificultades para mantener las actividades de la vida diaria.

3. En relación con el preingreso en un centro residencial, es cierto que:

a) Debe evitarse el tránsito a la vida en la residencia con estancias temporales previas.
b) Pasada esta fase es cuando se informará a la familia de los programas, régimen de visitas y papel que desempeña como principal vínculo afectivo y de apoyo al usuario.
c) Favorecer el conocimiento del centro y sus instalaciones así como a los profesionales suele ser un inconveniente en esta fase.
d) El ingreso debe ser planificado conociendo previamente al usuario, sus características, necesidades y motivación por el ingreso.

4. Se define como la capacidad y derecho de una persona de poder elegir ella misma las reglas de su conducta, la orientación de sus actos y los riesgos que está dispuesto a correr:

a) Libertad.
b) Autonomía.
c) Mayoría de edad.
d) Individualismo.

5. Es la capacidad de la persona de efectuar sin ayuda las actividades de la vida diaria:

a) Solvencia.
b) Independencia.
c) Autovalidez.
d) Autosuficiencia.

6. Una puntuación de 4 en la escala de valoración funcional de la Cruz Roja Española, significa que:

a) El individuo realiza bien las actividades de la vida diaria.
b) Algunas dificultades en las AVD. Ayuda ocasional. Ayuda con bastón o similar.
c) No puede efectuar las AVD. Requiere dos cuidadores para caminar.
d) Inmovilizado en cama o sillón. Requiere cuidados continuos. Incontinencia habitual.

7. Un individuo totalmente autoválido se valoraría en la escala de valoración funcional de la Cruz Roja Española con:

a) 0.
b) 1.
c) 3.
d) 5.

8. Entre las habilidades adaptativas contempladas por la Asociación Americana de Retraso Mental, el cuidado de la ropa, la higiene de las diferentes dependencias, el aprovisionamiento, la planificación diaria, el cocinado y la compra, se encuadraría dentro de la siguiente área:

a) Habilidades sociales.
b) Autodirección.
c) Vida en el hogar.
d) Habilidades de cuidado personal.

9. El ICAP es un sistema de evaluación de la conducta adaptativa, formado por 77 ítems, distribuidos en cuatro escalas. Señala la escala incorrecta:

a) Destrezas motoras.
b) Destrezas de la vida en comunidad.
c) Destrezas de la vida personal.
d) Destrezas de razonamiento.

10. El Inventario de Planificación de Servicios y Programación Individual (ICAP), ha sido adaptado en España por:

a) La Universidad de Deusto.
b) La Universidad de Granada.
c) La Universidad Autónoma de Madrid.
d) La Universidad Pompeu Fabra.

11. El Sistema de evaluación y registro del comportamiento (West Virginia), ha sido adaptado en España por:

a) La Universidad de Deusto.
b) La Universidad de Granada.
c) La Universidad Autónoma de Madrid.
d) La Universidad Pompeu Fabra.

12. A diferencia del ICAP, el sistema West Virginia:

a) Tiene como objetivo el diseño de planes de intervención.
b) Es un sistema normativo donde el sujeto evaluado obtiene una puntuación de acuerdo con los baremos establecidos.
c) Se basa en un sistema centrado en criterios de ejecución.
d) Permite evaluar problemas de conducta.

13. ¿Qué autor/es elaboró/aron el Cuestionario de Actitudes y Estrategias Cognitivas Sociales (AECS):

a) Harter.
b) Pelechano.
c) Marroquín y Villa.
d) Moraleda y colaboradores.

14. Las actividades de la vida diaria instrumentales:

a) Son acciones que no necesitan de un objeto intermediario para su desarrollo con el fin de que el individuo presente un adecuado nivel de desempeño y competencia social.
b) Son acciones como telefonear, realizar tareas domésticas (limpiar, cocinar, lavar ropa, etc.), manejar dinero, transporte.

c) Son actividades básicas para el cuidado personal.

d) Son actividades menos complejas que las actividades básicas de la vida diaria, importantes para mantener un funcionamiento normal en la vida.

15. Escala para medir actividades instrumentales de la vida diaria:

a) Escala de Rosow.
b) Escala de Lawton y Brody.
c) Escala de Harter.
d) Escala Magallanes.

16. Es una línea metodológica a seguir para el acompañamiento en actividades de la vida diaria:

a) Dar instrucciones genéricas en aquellas tareas en las que el usuario pueda tener dificultad.
b) Evitar transmitir altas expectativas y una visión positiva de la dependencia.
c) No suministrar apoyos personales o ayudas técnicas para la realización de las actividades.
d) Trabajar la autoestima del paciente.

17. Cuando una persona acostumbrada a un alto nivel de actividad social se ve bruscamente privada de ésta sufre problemas de ajuste y síntomas similares a las personas que viven en situaciones persistentes de deprivación social. Es la tendencia en la vejez a ajustar el comportamiento a lo que BROWN (1996) denomina el patrón de:

a) Desimplificación social.
b) Desescalada social.
c) Desviación social.
d) Deshabituamiento social.

18. Principal causa del deterioro del lenguaje en los ancianos:

a) Disfasia.
b) Afasia.
c) Disartria.
d) Apraxia.

19. Señalar la opción incorrecta. Según Moreno, A. (2001), las destrezas necesarias para resolver conflictos son:

a) Comprender y utilizar un determinado vocabulario.
b) Capacidad de reconocer y comprender las emociones en sí mismo y en los demás.
c) Capacidad para escuchar y prestar atención a los otros.
d) Capacidad de liderazgo.

20. Es la causa más frecuente de incontinencia en los residentes y es la consecuencia de lesiones a nivel del sistema nervioso central que controla el mecanismo de la micción:

a) Incontinencia genuina.
b) Incontinencia por rebosamiento.
c) Inestabilidad en el detrusor.
d) Incontinencia por estrés.

21. Es una causa de incontinencia transitoria:

a) Trastornos confusionales agudos.
b) Enfermedades de la vejiga.
c) Incontinencia urinaria genuina o por estrés.
d) Procedimientos quirúrgicos previos.

22. Para la prevención de la incontinencia, se seguirán unas pautas de vaciamiento vesical de modo que, al principio del programa, el residente realice una micción durante la noche cada:

a) 60 minutos.
b) 2 horas.
c) 4 horas.
d) 8 horas.

23. Un residente sin restricciones debe tomar un mínimo de agua al día de:

a) 500 ml.
b) 1 a 2 litros.
c) 2 a 3 litros.
d) 3 a 4 litros.

24. Si el residente toma diuréticos se procurará que los tome:

a) Antes de acostarse.
b) Antes de comer.
c) Después de comer.
d) Antes de las 10 de la mañana.

25. Para la prevención de la incontinencia hay que tener en cuenta que:

a) La cafeína y el alcohol disminuyen la sensación de necesidad de micción.
b) Debe aumentarse el aporte de agua unas horas antes de acostarse.
c) Se debe disminuir el tiempo de intervalo entre las micciones voluntarias, es decir, acompañarle al cuarto de baño en lugar de cada dos horas, cada hora y media.
d) Para fortalecer el músculo distal debe interrumpirse el chorro de orina después de comenzar a orinar, aguantar unos segundos y después orinar de nuevo.

Solución al test n.º 3

1. a) Protocolo.

2. a) Es fundamental que los objetivos se consensuen con el propio usuario.

3. d) El ingreso debe ser planificado conociendo previamente al usuario, sus características, necesidades y motivación por el ingreso.

4. b) Autonomía.

5. c) Autovalidez.

6. c) No puede efectuar las AVD. Requiere dos cuidadores para caminar.

7. a) 0.

8. c) Vida en el hogar.

9. d) Destrezas de razonamiento.

10. a) La Universidad de Deusto.

11. c) La Universidad Autónoma de Madrid.

12. c) Se basa en un sistema centrado en criterios de ejecución.

13. d) Moraleda y colaboradores.

14. b) Son acciones como telefonear, realizar tareas domésticas (limpiar, cocinar, lavar ropa, etc.), manejar dinero, transporte.

15. b) Escala de Lawton y Brody.

16. d) Trabajar la autoestima del paciente.

17. a) Desimplificación social.

18. b) Afasia.

19. d) Capacidad de liderazgo.

20. c) Inestabilidad en el detrusor.

21. a) Trastornos confusionales agudos.

22. c) 4 horas.

23. c) 2 a 3 litros.

24. d) Antes de las 10 de la mañana.

25. c) Se debe disminuir el tiempo de intervalo entre las micciones voluntarias, es decir, acompañarle al cuarto de baño en lugar de cada dos horas, cada hora y media.

TEST N.º 4

Las condiciones de seguridad y accesibilidad a los espacios; la información previa a las personas usuarias en un centro sociosanitario de carácter residencial

1. ¿A quién corresponde la tarea de comprobar las condiciones de seguridad y accesibilidad del centro en un centro de atención sociosanitaria?

a) Al celador.
b) Al personal de atención sociosanitaria.
c) Al Comité de Empresa de Seguridad e Higiene en el trabajo.
d) A todos los anteriores.

2. Todo lo que se expone respecto a la seguridad en un centro de atención sociosanitaria es cierto, excepto:

a) Una garantía de seguridad del cien por cien llevaría aparejada una disminución de la calidad de vida de la persona.
b) En la atención a las personas dependientes debemos garantizar siempre la seguridad del usuario.
c) A más seguridad mayor autonomía del usuario.
d) Promover una seguridad total implicaría una violación de derechos tales como la libertad

3. ¿Cómo se resuelve la antítesis seguridad máxima/ máxima calidad de vida de usuarios en un centro de atención sociosanitaria?

a) Ofertando una seguridad del 70% para que exista una cierta calidad de vida del usuario y pueda decidir.
b) Ofertando una seguridad del 50% para que exista una cierta calidad de vida del usuario y pueda desarrollar una vida digna.
c) Una adecuada combinación de las condiciones de seguridad y de accesibilidad que garanticen a las personas el ejercicio de sus derechos, al mismo tiempo que asuman una serie de riesgos controlados.
d) Es imposible resolver esta dicotomía.

4. ¿Cómo se puede mejorar que los profesionales de atención sociosanitaria no caigan en el exceso de control sobre los usuarios, al primar la seguridad frente a la autonomía?

a) Es imposible, es un error inherente a dicho trabajo.
b) Mediante una adecuada formación en esta disciplina.
c) Mediante una mayor sensibilización en aspectos éticos.
d) Son ciertas las respuestas b) y c).

5. ¿Con qué concretamente debe estar en sintonía la forma de trabajo de un centro residencial? Debe estar en sintonía con…

a) La Ley de Seguridad e Higiene en el Trabajo vigente.
b) El Plan de Riesgo y Accidentes de un centro.
c) La Carta de derechos y deberes de los usuarios.
d) Nada de lo anterior.

6. ¿Cuál de estas consideras una buena práctica en residencias de personas mayores en situación de dependencia?

a) Disponer de un plan de evacuación adecuado al centro y a las personas usuarias.
b) Asegurar una señalización e iluminación de emergencias, interruptores de luz iluminados indicando su situación para saber dónde están y no ir a oscuras, instalación de detección de incendios.
c) Respetar distancias legales entre el mobiliario de la habitación y en el baño para facilitar la máxima independencia del usuario.
d) Son todas las anteriores.

7. Respecto a lo que se expone del mobiliario de las residencias todo es cierto, excepto:

a) Que las barandillas tengan una apropiada altura para que puedan agarrarse los residentes, en caso de necesidad.
b) Utilizar un mobiliario con esquinas de pico (nunca redondas).
c) Que las zonas de agarre si poseen, sean accesible por los usuarios.
d) Que los enchufes tengan la altura adecuada.

8. ¿Qué situación de estas se debe evitar en una residencia?

a) Garantizar las mejores condiciones del piso con suelos antideslizantes y limpios.
b) No controlar el acceso a escaleras, para incrementar autoestima y autonomía del residente.
c) Respetar distancias legales entre el mobiliario de la habitación y el baño para facilitar la máxima independencia del usuario.
d) Evitar los obstáculos y el exceso de elementos que no permitan su deambulación.

9. ¿En qué circunstancias o ámbitos en una residencia se ven especialmente comprometidas la seguridad y/o la autonomía y el bienestar, y por ello se pondrá especial cuidado?

a) En el hecho de estar en el salón/ sala de estar.
b) Viendo una proyección audiovisual con las luces apagadas/ en penumbra.
c) En el aseo personal del residente.
d) No hay que poner especial cuidado en ninguna de las anteriores.

10. ¿Qué situaciones de riesgos nunca pueden darse en una residencia?

a) Perderse un residente.
b) Caídas y consecuentes traumatismos.
c) Conductas agresivas.
d) Se pueden dar cualquiera de las anteriores.

11. ¿Qué se debe tener siempre preparado en una residencia ante situaciones de riesgo, ya que se entiende que estos se asumen de forma controlada?

a) Un botiquín de emergencia.
b) El coche para resolución del conflicto en la residencia.
c) Un protocolo de actuación específico.
d) Nada de lo anterior es cierto.

12. ¿A qué normativa deben ajustarse los derechos y deberes de las personas usuarias de las Instituciones, así como sus familiares? Se deben ajustar a...

a) Resoluciones de los ayuntamientos.
b) Órdenes ministeriales.
c) Leyes autonómicas.
d) Leyes internacionales.

13. ¿Qué usuarios de residencias no tienen la necesidad y el derecho a la autodeterminación? Las personas...

a) No dependientes.
b) Moderadamente dependientes.
c) Grandes dependientes.
d) Todas lo poseen, sin distinción de grado.

14. ¿Qué otro derecho fundamental debe poseer un residente para poder tomar una decisión sobre los aspectos que afectan a su propia vida, ya sea en lo concerniente a su estancia en la residencia, o en lo referente a aspectos de carácter más general, que afectará en otros derechos? El derecho fundamental...

a) A la dignidad.
b) A estar informado.

c) A la intimidad.
d) A nada de lo anterior.

15. ¿Quién debe decidir y por ello estar informado ante cualquier aspecto de la vida en la residencia si la persona dependiente presenta un grave deterioro cognitivo?

a) La familia del dependiente.
b) El propio dependiente y la familia.
c) El propio dependiente y su representante legal.
d) La familia o su representante legal.

16. Con un sistema de información adecuado en una residencia:

a) Favorecemos la autodeterminación del dependiente.
b) Ayudamos al desarrollo de la autonomía del residente.
c) Mejora el bienestar emocional, ya que proporciona seguridad y tranquilidad al usuario.
d) Todo lo anterior es cierto.

17. ¿En qué circunstancias el derecho a la información en una residencia transmitido por los profesionales se hace vales a través de sus familiares?

a) En personas en situación de enfermedad y/o próximas a la muerte.
b) En aquellas otras con mayor grado de dependencia.
c) En individuos con un grave deterioro cognitivo y gran dependiente.
d) En todas las anteriores.

18. ¿Cómo debe ser presentada la información al usuario de un centro residencial?

a) De palabra siempre.
b) Escrita o de palabra.
c) Siempre escrita, con o sin disponibilidad en su elección.
d) Siempre escrita y con disponibilidad en la elección de informarse cuando quiera.

19. ¿Qué documento de una residencia recoge todos los programas que se llevan a cabo en el centro, con las correspondientes actuaciones, organización y temporalización de actividades?

a) Programa anual de calidad del Centro residencial.
b) Plan de intervención del Centro residencial.
c) Plan personalizado y colectivo de actuación.
d) Documento normativo de régimen interno.

20. ¿Cada cuánto tiempo de be actualizarse el Plan de intervención del Centro residencial?

a) Trimestralmente.
b) Semestralmente.
c) Anualmente.
d) Quinquenalmente.

21. ¿Cómo se denomina el documento informativo de una residencia donde se efectúa una relación de los servicios que se ofrecen institucionalmente, junto con los compromisos de calidad asumidos por el Centro en el desarrollo de las diversas intervenciones?

a) Programa anual de calidad del Centro residencial.
b) Plan de intervención del Centro residencial.
c) Carta de Servicios con los compromisos de calidad.
d) Carta de derechos y deberes de las personas usuarias concretados en la vida cotidiana en el Centro.

22. ¿En qué documento de un centro residencial vienen recogido los protocolos o procedimientos para realizar reclamaciones?

a) Programa anual de calidad del Centro residencial.
b) Plan de intervención del Centro residencial.
c) Carta de Servicios con los compromisos de calidad.
d) Documento normativo de régimen interno.

23. ¿Cuál es el documento empleado en una residencia como un instrumento que basándose en una valoración integral de la persona, ofrece una propuesta de intervención, así como los cuidados y/o apoyos que requiere el usuario?

a) Plan de intervención del Centro residencial.
b) Carta de Servicios con los compromisos de calidad.
c) Plan personalizado de atención.
d) Ninguno de los anteriores.

24. ¿Qué afirmación es incorrecta respecto a la Carta de derechos y deberes de las personas usuarias concretados en la vida cotidiana en el Centro?

a) Su contenido normativo es de obligado conocimiento
b) Su contenido normativo no es de obligado cumplimiento.
c) Es un conjunto de normas de los centros de atención a las personas dependientes.
d) Nada de lo anterior es correcto.

25. ¿Con qué documento de los existentes en una residencia se pretende que se respeten los derechos fundamentales de las personas usuarias de este servicio, así como que sirva de marco adecuado para facilitar la convivencia y el trabajo de los profesionales?

a) Carta de derechos y deberes de las personas usuarias concretados en la vida cotidiana en el Centro.
b) Carta de Servicios con los compromisos de calidad.
c) Plan personalizado y colectivo de atención.
d) Documento normativo de régimen interno.

26. ¿Mediante qué medio o recurso se recaba la detección de las necesidades de información en una residencia?

a) Preguntando mediante un boca a boca los residentes.
b) Preguntando mediante un boca a boca los profesionales.
c) Preguntando mediante un boca a boca los residentes y a los profesionales.
d) Realizando un registro de necesidades de información expresadas con anterioridad por las personas.

27. ¿Qué afirmación es correcta?

a) Escuchar no requiere un esfuerzo superior a oír.
b) Escuchar activamente es lo mismo que oír.
c) Oír es percibir sonidos a través del oído, y escuchar es percibir los sonidos que se escuchan.
d) La escucha activa implica entender la comunicación desde el punto de vista de la persona que habla.

28. ¿Qué tipo de información en un centro residencial son aquellas que se refieren a aspectos tales como el funcionamiento de la institución, las actividades que se realizan, horarios, visitas, etc.? Información…

a) Sanitaria.
b) Genérica.
c) Social.
d) Personal.

29. ¿Qué tipo de información dada en una residencia es más celosa con la intimidad de la persona, ya que están destinadas al usuario, no a su familia, a no ser que la propia persona lo autorice, o que su grado de dependencia le impida comprender y manejar la información de modo adecuado para poder tomar decisiones?

a) Información sanitaria.
b) Información genérica.

c) Información social.
d) Información personal.

30. ¿Qué tipo de información dada en una residencia es aquella dirigida tanto al usuario como a sus familiares y es la más fácil de dar por los profesionales por ser la menos comprometida? Información…

a) Sanitaria.
b) Genérica.
c) Social.
d) Personal.

31. ¿Qué tipo de información en un centro residencial son aquellas que se refieren a aspectos relativos al propio estado de salud, al desarrollo y aplicación de su plan personalizado de atención, a aspectos referidos a sucesos ocurridos en su entorno, en su familia, sobre la muerte de un ser querido, etc.? Información…

a) Sanitaria.
b) Genérica.
c) Social.
d) Personal.

32. ¿En qué tipo de información de las dadas en una residencia es necesarios a veces hacer una valoración sobre qué cuestiones informar al usuario? Información…

a) Sanitaria.
b) Genérica.
c) Social.
d) Personal.

33. ¿Quién debe valorar sobre qué aspectos informar y sobre cuáles no a la persona dependiente en determinados casos de información personal?

a) El personal sociosanitario que asiste al dependiente.
b) El facultativo especialista adscrito a la residencia.
c) El trabajador social o/y psicólogo adscrito a la residencia.
d) El equipo de atención a la persona dependiente.

34. ¿En qué casos no hay que hacer una valoración sobre qué aspectos informar y sobre cuáles no a la persona dependiente y por tanto debemos respetar siempre las decisiones que tome a partir de la información recibida? En aquellos usuarios con…

a) Una buena capacidad de autonomía.
b) Una cierta limitación en su autonomía.

c) Una gran dependencia (grado III).
d) En ninguno de los anteriores.

35. ¿Con respecto a la información a la persona usuaria de una residencia, qué debemos garantizar a la hora de transmitírsela, tanto en el caso de que sea verbalmente como en el caso de la información escrita?

a) La confidencialidad y fiabilidad, aunque sólo sea temporalmente.
b) La ética en su transmisión pública, sin menoscabo de hacerla privada.
c) La confidencialidad y la privacidad del usuario siempre.
d) Nada de lo anterior es cierto.

36. ¿Quién o quiénes está o están sujetos a secreto profesional en una residencia?

a) El personal de atención sociosanitaria de dependientes.
b) Los facultativos y enfermeros que atienden a personas dependientes.
c) Ninguno de los miembros o profesionales de una residencia que atienden a personas dependientes.
d) Todos los miembros del equipo interdisciplinar que atiende a las personas en situación de dependencia.

37. ¿A quién se le proporciona en primer lugar la información en los casos de enfermedad terminal?

a) Al usuario.
b) A la familia.
c) A otros profesionales de la residencia.
d) A otros profesionales fuera de la residencia.

38. ¿Cómo se denomina aquella situación en que tanto profesionales como familiares conocen el estado terminal del paciente, pero no le dicen nada a éste para evitarle sufrimiento principalmente y qué valoración le das?

a) Conspiración del silencio, y es inadecuada ya que le impide decidir al no conocerla.
b) Conspiración del silencio, y es apropiada en todos los casos.
c) Trato invisible de humanidad, y es apropiada en todos los casos.
d) Nada de lo anterior es cierto.

39. ¿Qué información no pueden exponerse en sitios visibles, aunque sea con un lenguaje y con un tamaño de letra adecuados para que todos los usuarios puedan tener acceso a la misma?

a) Las normas de funcionamiento del centro.
b) La información de carácter personal.

c) Los horarios de las distintas actividades.
d) Cualquier información referida a las actividades a realizar en el centro residencial.

40. ¿Qué es fundamental para el desarrollo de una buena comunicación?

a) La asertividad y el empleo de tecnicismo.
b) El respeto y la equidad.
c) La empatía, la tolerancia y la equidad.
d) La empatía, la escucha activa y el respeto.

41. ¿Cuál de estas estrategias en la comunicación profesional/ usuario consideras más acertada?

a) No abordar temas psicológicos o sociales.
b) Dar respuestas simples sin contenido emocional.
c) Intentar hablar menos que el paciente, para darle opción a que se exprese.
d) Emplear preguntas cerradas.

42. ¿Cuál es normalmente la principal causa de un patrón de comunicación profesional/ usuario inadecuado?

a) La necesidad del personal de eludir el estrés que se experimenta en relación con el cuidado de las personas dependientes.
b) La incapacidad de los pacientes dependiente para entender al profesional socio-sanitario.
c) Las prisas que siempre se llevan en el trabajo, debido a una carga laboral importante.
d) Nada de lo anterior es cierto.

43. ¿Cuál de las fases en la interacción comunicativa profesional-usuario es la más importante?

a) La fase inicial.
b) La fase intermedia precoz.
c) La fase intermedia tardía.
d) La fase final.

44. ¿En qué fase de la interacción comunicativa profesional-usuario se sientan las bases para una relación positiva?

a) En la fase inicial.
b) En la fase intermedia precoz.
c) En la fase intermedia tardía.
d) En la fase final.

45. ¿Cómo deben ser las cuestiones que se le planteen al usuario para la obtención de datos?

a) Deben ser claras, sencillas y dirigidas.
b) Deben ser borrosas, sencillas y dirigidas.
c) Deben ser claras, complejas y no dirigidas.
d) Deben ser claras, sencillas y no dirigidas.

46. ¿Cómo se denomina el tiempo que transcurre entre las intervenciones de cada uno de los interlocutores durante una conversación?

a) Demora.
b) Red score.
c) Reactividad.
d) Proposición.

47. Durante la interacción comunicativa profesional-usuario, ¿qué práctica consideras inapropiada?

a) Conviene preguntarle al usuario los temas más destacados para comprobar el grado de asimilación que ha tenido.
b) Debemos emplear términos técnicos, que el usuario identifica con su estado.
c) Hay que evitar términos de alto contenido emocional para el usuario.
d) Debemos adaptar nuestro lenguaje y nuestras expresiones al de la persona que escucha.

48. ¿Cómo se denominaría aquella actitud facial y corporal de tipo especular, adecuando nuestros gestos al mensaje que nos está transmitiendo la persona? De tipo...

a) Asertiva.
b) Crepuscular.
c) Empática.
d) Generosa.

49. ¿Cómo nos colocaremos si el usuario es introvertido para establecer una mejor comunicación?

a) De pie.
b) Sentado de forma que nuestra cabeza quede a su altura o por debajo.
c) Decúbito lateral.
d) Sentado de forma que nuestra cabeza quede por encima del mismo.

50. ¿Qué actividad de estas en un centro residencial es obligatoria?

a) Terapia de orientación a la realidad.
b) Psicomotricidad.

c) Ludoterapia.
d) Realización de ejercicios físicos de movilidad.

51. ¿Qué actividad de estas en un centro residencial es opcional o voluntaria?

a) Higiene diaria.
b) Realización de ejercicios físicos de movilidad.
c) Psicoestimulación.
d) Alimentación diaria.

52. ¿Cuándo deben ser realizadas las actividades obligatorias en un centro residencial?

a) Diariamente.
b) Cada dos o tres días.
c) Al menos una vez semanalmente.
d) Cuando se apetezca.

53. ¿Qué terapia dentro de las actividades opcionales o voluntarias en un centro residencial es funcional?

a) Tabla de ejercicios.
b) Orientación a la realidad.
c) Ergoterapia.
d) Musicoterapia.

54. Unos hábitos saludables de alimentación deben contemplar la ingesta de:

a) 5 comidas al día.
b) 4 comidas al día.
c) 3 comidas al día.
d) 2 comidas al día.

55. ¿Qué terapia dentro de las actividades opcionales o voluntarias en un centro residencial es cognitiva?

a) Tabla de ejercicios.
b) Psicoestimulación.
c) Ergoterapia.
d) Musicoterapia.

56. ¿Qué ejercicios diarios de movilidad son los que debe realizar el usuario de una residencia?

a) Caminar rápido, y estiramientos.
b) Caminar a su paso, y estiramientos.

c) Correr, y estiramientos.
d) No debe de realizar nada de lo anterior.

57. ¿Qué terapia dentro de las actividades opcionales o voluntarias en un centro residencial es social?

a) Tabla de ejercicios.
b) Orientación a la realidad.
c) Psicoestimulación.
d) Salidas en grupo.

58. ¿Cuánto deben durar las Tablas de ejercicio físico a diario?

a) En torno a 5 minutos.
b) En torno a 15 minutos.
c) En torno a 25 minutos.
d) En torno a 45 minutos.

59. ¿Qué es falso de las tablas de ejercicios físicos?

a) En principio puede realizar cualquier persona siempre que no exista contraindicación médica.
b) Se puede decir que se trata de una gimnasia de mantenimiento con ejercicios controlados y adaptados a las características físicas de los usuarios.
c) Es una actividad que se realiza solo, con el fisioterapeuta.
d) A través de esta actividad podemos mantener y mejorar la movilidad corporal y mejorar la capacidad cardiorrespiratoria.

60. ¿Cuánto deben de durar la actividad de psicomotricidad que se realiza una vez a la semana?

a) En torno a 5 minutos.
b) En torno a 15 minutos.
c) En torno a 25 minutos.
d) En torno a 45 minutos.

61. ¿Con qué actividad de forma concreta se pretende potenciar la orientación temporal, espacial, personal y social del usuario?

a) Tabla de ejercicios.
b) Orientación a la realidad.
c) Psicoestimulación.
d) Psicomotricidad.

62. ¿Cuáles son los principales destinatarios de la psicoestimulación?

a) Aquellos usuarios con una buena capacidad de autonomía.
b) Aquellos usuarios con una cierta limitación en su autonomía.
c) Aquellos usuarios con una dependencia sin deterioro cognitivo.
d) Aquellos usuarios con una dependencia con deterioro cognitivo.

63. ¿Cómo se denomina la utilización de la música y/o de sus elementos (sonido, ritmo, melodía y armonía) por un profesional calificado, con un paciente o grupo, en un proceso destinado a facilitar y promover comunicación, aprendizaje, movilización, expresión, organización u otros objetivos terapéuticos relevantes, a fin de asistir a las necesidades físicas, psíquicas, sociales y cognitivas?

a) Musicoterapia.
b) Ergoterapia.
c) Ludoterapia.
d) Ruidoterapia.

64. ¿Qué actividad residencial es aquella que engloba a un conjunto de actividades manuales útiles y creativas, como carpintería, alfarería, pintura, bordado, etc., que se realizan en un contexto lúdico y se desarrollan en grupo?

a) Musicoterapia.
b) Ergoterapia.
c) Ludoterapia.
d) Ninguna de las anteriores.

65. ¿Qué técnica terapéutica utiliza el juego como medio de expresión y comunicación?

a) Ergoterapia.
b) Ludoterapia.
c) Musicoterapia.
d) Ruidoterapia.

Solución al test n.º 4

1. b) Al personal de atención sociosanitaria.

2. c) A más seguridad mayor autonomía del usuario.

3. c) Una adecuada combinación de las condiciones de seguridad y de accesibilidad que garanticen a las personas el ejercicio de sus derechos, al mismo tiempo que asuman una serie de riesgos controlados.

4. d) Son ciertas las respuestas b) y c).

5. c) La Carta de derechos y deberes de los usuarios.

6. d) Son todas las anteriores.

7. b) Utilizar un mobiliario con esquinas de pico (nunca redondas).

8. b) No controlar el acceso a escaleras, para incrementar autoestima y autonomía del residente.

9. c) En el aseo personal del residente.

10. d) Se pueden dar cualquiera de las anteriores.

11. c) Un protocolo de actuación específico.

12. c) Leyes autonómicas.

13. d) Todas lo poseen, sin distinción de grado.

14. b) A estar informado.

15. d) La familia o su representante legal.

16. d) Todo lo anterior es cierto.

17. c) En individuos con un grave deterioro cognitivo y gran dependiente.

18. d) Siempre escrita y con disponibilidad en la elección de informarse cuando quiera.

19. b) Plan de intervención del Centro residencial.

20. c) Anualmente.

21. c) Carta de Servicios con los compromisos de calidad.

22. d) Documento normativo de régimen interno.

23. c) Plan personalizado de atención.

24. b) Su contenido normativo no es de obligado cumplimiento.

25. a) Carta de derechos y deberes de las personas usuarias concretados en la vida cotidiana en el Centro.

26. d) Realizando un registro de necesidades de información expresadas con anterioridad por las personas.

27. d) La escucha activa implica entender la comunicación desde el punto de vista de la persona que habla.

28. b) Genérica.

29. d) Información personal.

30. b) Genérica.

31. d) Personal.

32. d) Personal.

33. d) El equipo de atención a la persona dependiente.

34. a) Una buena capacidad de autonomía.

35. c) La confidencialidad y la privacidad del usuario siempre.

36. d) Todos los miembros del equipo interdisciplinar que atiende a las personas en situación de dependencia.

37. a) Al usuario.

38. a) Conspiración del silencio, y es inadecuada ya que le impide decidir al no conocerla.

39. b) La información de carácter personal.

40. d) La empatía, la escucha activa y el respeto.

41. c) Intentar hablar menos que el paciente, para darle opción a que se exprese.

42. a) La necesidad del personal de eludir el estrés que se experimenta en relación con el cuidado de las personas dependientes.

43. a) La fase inicial.

44. a) En la fase inicial.

45. d) Deben ser claras, sencillas y no dirigidas.

46. c) Reactividad.

47. b) Debemos emplear términos técnicos, que el usuario identifica con su estado.

48. c) Empática.

49. b) Sentado de forma que nuestra cabeza quede a su altura o por debajo.

50. d) Realización de ejercicios físicos de movilidad.

51. c) Psicoestimulación.

52. a) Diariamente.

53. a) Tabla de ejercicios.

54. a) 5 comidas al día.

55. b) Psicoestimulación.

56. b) Caminar a su paso, y estiramientos.

57. d) Salidas en grupo.

58. c) En torno a 25 minutos.

59. c) Es una actividad que se realiza solo, con el fisioterapeuta.

60. d) En torno a 45 minutos.

61. b) Orientación a la realidad.

62. d) Aquellos usuarios con una dependencia con deterioro cognitivo.

63. a) Musicoterapia.

64. b) Ergoterapia.

65. b) Ludoterapia.

TEST N.º 5

Mantenimiento del orden y condiciones higiénicas de la habitación de la persona usuaria

1. En una habitación de hospital habrá tantas unidades de pacientes como:

a) Pacientes haya en el hospital (incluido consultas externas).
b) Número de camas.
c) Pacientes haya en el hospital dividido por factor de corrección constante.
d) Número de camas multiplicado por factor de corrección constante.

2. ¿Qué útil o herramienta no debe poseer la unidad del paciente tipo?

a) Lencería de cama y accesorios.
b) Lámpara de luz directa.
c) Timbre de alarma.
d) Toma de oxígeno.

3. ¿De qué color deben ser pintados las paredes den una habilitación de un hospital?

a) Negro u oscuro.
b) Marrón claro o amarillo.
c) Blanco mate.
d) Ninguno de los anteriores.

4. La altura de los techos mínima (en cm) de la habitación del paciente debe ser:

a) 220.
b) 250.
c) 270.
d) 285.

5. ¿Cuánto tiempo al día habrá que abrir ventanas para ventilar, si el hospital no dispone de aire acondicionado o está averiado?

a) 10 a 15 minutos, en diferentes intervalos.
b) 30 a 45 minutos, en diferentes intervalos.
c) 1 a 2 horas, en diferentes intervalos.
d) Más de 4 horas en diferentes intervalos.

6. Respecto a la sonorización en la unidad del paciente, todo lo que se dice es cierto, excepto que:

a) El Técnico de cuidados de enfermería debe velar a la hora del descanso de que no se produzcan ruidos.
b) El personal sanitario utilizará calzado con suela dura, para que dicho ruido dé pista al enfermo y se sepa dónde se localiza.
c) Las habitaciones deben ser tranquilas y sin ruidos, ya que un excesivo ruido ambiental afectaría al enfermo.
d) Los modernos hospitales están construidos teniendo en cuenta la necesidad de un aislamiento acústico de las habitaciones.

7. Los límites que se consideran aceptables de humedad en habitación del enfermo oscilan entre:

a) 20-30 %.
b) 30-40 %.
c) 40-60 %.
d) 65-85 %.

8. ¿Qué es incorrecto del cuarto de baño de la habitación del paciente?

a) Debe poseer todas las piezas de un baño completo.
b) No es necesario que presente barras de seguridad en sanitarios ni en ducha o/y bañera.
c) El baño está incorporado a las habitaciones.
d) Debe poseer medidas de seguridad para evitar accidentes.

9. Cuando el hospital no disponga de aire acondicionado habrá que:

a) Ventilar entre 10-15 minutos al día abriendo la ventana.
b) Solicitarlo en el buzón de sugerencias.
c) Permanecer con las ventanas cerradas.
d) Abrir la ventana para que el aire entre directamente al enfermo.

10. La temperatura de las habitaciones debe oscilar entre los:

a) 22-32 ºC.
b) 18-28 ºC.

c) 20- 30 °C.
d) 20-22 °C.

11. Los límites que se consideran aceptables en la humedad oscilan entre:

a) 50 y el 70%.
b) 40 y el 60 %.
c) 45 y el 70 %.
d) 5 y 10 %.

12. Los insecticidas fumigantes actúan por vía:

a) Aérea.
b) Cutánea.
c) Circulatoria.
d) Dérmica.

13. Selecciona la opción incorrecta:

a) Los ácaros son artrópodos que pertenecen a la familia de los arácnidos.
b) Una infección es la invasión y entrada en el organismo de agentes extraños exitus, ya sean bacterias, virus u hongos.
c) La infestación es cuando la infección es por parásitos.
d) La mayoría de las veces, el organismo reacciona a la entrada.

14. Entre el mobiliario del residente se encuentra:

a) Armario y estantes.
b) Mesita de noche y despertador.
c) La ropa de cama.
d) Las opciones a) y c) son correctas.

15. Señala la opción correcta en la clasificación de la ropa:

a) La ropa infectada se deposita en bolsa de color negro.
b) La bolsa amarilla contiene roja infectada.
c) La bolsa roja contiene apósitos y material de cura.
d) La ropa de lavado normal irá en bolsa de color blanco.

16. La asepsia se refiere a:

a) El proceso de eliminación de insectos y arácnidos.
b) La ausencia de materia séptica o microorganismos infecciosos.
c) El uso de insecticidas de acción rápida.
d) La esterilización de la ropa infectada.

17. ¿Cuál de los siguientes es un insecticida fumigante?

a) DDT.
b) Bromuro de metilo.
c) Baygón.
d) Aceites minerales.

18. En la clasificación de ropa sucia en bolsas según el grado de contaminación:

a) Bolsa blanca: ropa infectada.
b) Bolsa amarilla: ropa mojada o muy manchada.
c) Bolsa roja: ropa simplemente sucia.
d) Bolsa verde: ropa que no requiere lavado.

19. En la limpieza del carro de curas, uno de los pasos es:

a) Barrer la superficie con escoba.
b) Limpiarlo con compresa y desinfectante que no dañe el metal.
c) Secarlo al aire libre sin desinfectar.
d) Mantener siempre los apósitos usados para comprobar infecciones.

20. ¿Cuál de los siguientes es un ejemplo de infestación?

a) Invasión por bacterias.
b) Invasión por virus.
c) Invasión por hongos.
d) Presencia de parásitos como helmintos u oxiuros.

Solución al test n.º 5

1. b) Número de camas.

2. b) Lámpara de luz directa.

3. c) Blanco mate.

4. b) 250 cm.

5. a) 10 a 15 minutos, en diferentes intervalos.

6. b) El personal sanitario utilizará calzado con suela dura, para que dicho ruido dé pista al enfermo y se sepa dónde se localiza.

7. c) 40-60 %.

8. b) No es necesario que presente barras de seguridad en sanitarios ni en ducha o/y bañera.

9. a) Ventilar entre 10-15 minutos al día abriendo la ventana.

10. d) 20-22 ºC.

11. b) 40 y el 60 %.

12. a) Aérea.

13. b) Una infección es la invasión y entrada en el organismo de agentes extraños exitus, ya sean bacterias, virus u hongos.

14. d) Las opciones a) y c) son correctas.

15. d) La ropa de lavado normal irá en bolsa de color blanco.

16. b) La ausencia de materia séptica o microorganismos infecciosos.

17. b) Bromuro de metilo.

18. b) Bolsa amarilla: ropa mojada o muy manchada.

19. b) Limpiarlo con compresa y desinfectante que no dañe el metal.

20. d) Presencia de parásitos como helmintos u oxiuros.

TEST N.º 6

Participación del personal con categoría de Auxiliar de Clínica en la administración de la medicación en un centro sociosanitario de carácter residencial

1. Toda sustancia empleada en la fabricación de un medicamento, ya permanezca inalterada, se modifique o desaparezca en el transcurso del proceso, se llama:

a) Excipiente.
b) Coadyuvante.
c) Materia prima.
d) Principio activo.

2. ¿Mediante qué normativa de estas se aprueba el texto refundido de la Ley de garantías y uso racional de los medicamentos y productos sanitarios?

a) Real Decreto 213/2010.
b) Ley 15/1999.
c) Ley 41/2002.
d) Real Decreto Legislativo 1/2015.

3. ¿Cómo se denomina al componente de un medicamento distinto del principio activo y del material de acondicionamiento?

a) Principio activo.
b) Coadyuvante.
c) Excipiente.
d) Principio pasivo.

4. Los medicamentos fotosensibles son aquellos que deben conservarse:

a) En la luz.
b) En el frigorífico.
c) En el congelador.
d) En la oscuridad.

5. ¿Qué rama de la farmacología trata el estudio y características físico-químicas de las materias primas o principios activos de origen biológico destinadas a la preparación del fármaco?

a) Farmacodinamia.
b) Farmacognosia.
c) Farmacocinética.
d) Farmacotecnia.

6. ¿Qué medicación se emplea en la prevención de enfermedades?

a) Analgésicos.
b) Antibióticos.
c) Vacunas.
d) Anticatarrales.

7. Es sinónimo de farmacia galénica:

a) Farmacodinamia.
b) Farmacognosia.
c) Farmacocinética.
d) Farmacotecnia.

8. ¿Qué parte de la farmacología estudia los mecanismos de acción y efectos de los fármacos en el organismo?

a) Farmacoterapia.
b) Farmacocinética.
c) Farmacodinámica.
d) Farmacognosia.

9. Las siglas LADME de un medicamento tiene que ver con su:

a) Farmacodinamia.
b) Farmacocinética.
c) Farmacognosia.
d) Farmacotecnia.

10. ¿Cuál es la vía de administración de un fármaco donde este llevará a cabo su absorción a través del estómago e intestino?

a) Vía oral.
b) Vía parenteral.
c) Vía tópica.
d) Ninguna de las anteriores.

11. El efecto primario pretendido, es decir, la razón por la cual se prescribe el fármaco, con una dosis mínima eficaz es el efecto:

a) Secundario.
b) Lateral.
c) Terapéutico.
d) Adverso.

12. ¿Qué medicamentos no se presentan en forma farmacéutica líquida?

a) Suspensiones.
b) Emulsiones.
c) Cremas.
d) Todas son formas líquidas.

13. ¿Cuál de estas no consideras una forma sólida de medicamentos?

a) Polvos.
b) Comprimidos.
c) Supositorios.
d) Son todas formas sólidas.

14. ¿Qué medicamento se presenta de forma farmacéutica líquida?

a) Elixires.
b) Pastas.
c) Linimentos.
d) Ungüentos.

15. ¿Cómo se denomina a un efecto farmacológico no deseado?

a) Reacción coadyuvante.
b) Interacción medicamentosa.
c) Reacción adversa.
d) Reacción yatrogénica.

16. ¿A qué se denomina introducir el fármaco en el organismo?

a) A la absorción.
b) A la inyección.
c) A la administración.
d) Nada de lo anterior.

17. La administración de fármacos por vía oral es siempre una prescripción:

a) Enfermera oral.
b) Enfermera escrita.
c) Médica oral.
d) Médica escrita.

18. ¿Cuál suele ser un inconveniente de la administración de fármacos por vía oral?

a) Son incómodos.
b) Son caros.
c) Son de absorción lenta.
d) Son inseguros.

19. ¿Cuál es el motivo de la rápida absorción en la vía sublingual?

a) La medicación empleada.
b) Lo cerca que está del corazón.
c) Por ser una zona de amplia vascularización.
d) Es realmente una vía lenta de absorción.

20. Después de la aplicación de pomadas oculares para permitir que la medicación se extienda y pueda absorberse, se deberá mantener los párpados cerrados durante:

a) 5 a 10 segundos.
b) 15 a 20 segundos.
c) 20 a 30 segundos.
d) 1 a 2 minutos.

21. ¿Cuándo se deben desechar inmediatamente las gotas óticas?

a) Si están caducadas.
b) Si presenta sedimentos.
c) Si la solución está decolorada.
d) En todos los casos anteriores.

22. Los parches de estrógenos o de nitroglicerina utilizan la vía:

a) Tópica general.
b) Transdérmica.
c) Intradérmica.
d) Oral.

23. ¿Qué administración no es tópica?

a) Administración de gotas nasales.
b) Administración de pomadas oculares.
c) Administración de inhaladores.
d) Administración de gotas óticas.

24. ¿Qué vía no es parenteral directa?

a) Vía intravenosa.
b) Vía intralinfática.
c) Vía intraarticular.
d) Vía intraarterial.

25. ¿Qué vía parenteral se emplea cuando se aplican dosis grandes de hasta 5 ml depositando la sustancia en la profundidad del tejido muscular?

a) Vía subcutánea.
b) Vía intraósea.
c) Vía intradérmica.
d) Vía intramuscular.

26. ¿Qué zona es desaconsejable en la perfusión venosa por riesgo de tromboflebitis?

a) Brazo.
b) Extremidades inferiores.
c) Fosa antecubital.
d) Porción inferior del antebrazo y de la mano.

27. ¿Cuál de estas no es una complicación local de la punción venosa?

a) Shock.
b) Hematoma.
c) Flebitis.
d) Extravasación de la perfusión.

28. ¿Cuántas gotas de perfusión hay en 2,5 cc?

a) 25.
b) 45.
c) 50.
d) 100.

29. La prueba de la tuberculina o Mantoux se realiza por vía:

a) Venosa.
b) Cutánea.
c) Intradérmica.
d) Subcutánea.

30. ¿Qué vía consiste en aplicar medicamentos mediante inyección en el tejido celular subcutáneo?

a) Vía subcutánea.
b) Vía adiposa.
c) Vía subdérmica.
d) Son ciertas las respuestas a) y c).

31. ¿Para qué se utiliza normalmente la vía intraperitoneal?

a) Para evacuar el acúmulo del líquido.
b) Para limpiar el espacio pleural.
c) Para introducir gas.
d) Para introducir nutrición parenteral.

32. ¿Cómo se denomina el área del servicio de farmacia donde se almacenan y conservan los medicamentos según sus características para cubrir las demandas del centro?

a) Área de almacenamiento y conservación de medicamentos.
b) Área de dispensación farmacológica.
c) Área de farmacotecnia.
d) Área de nutrición artificial.

33. La temperatura de conservación de los medicamentos termolábiles debe estar comprendida entre:

a) (-2)-1 ºC.
b) De 2 a 8 ºC.
c) De 6 a 10 ºC.
d) De 8 a 14 ºC.

Solución al test n.º 6

1. c) Materia prima.

2. d) Real Decreto Legislativo 1/2015.

3. c) Excipiente.

4. d) En la oscuridad.

5. b) Farmacognosia.

6. c) Vacunas.

7. d) Farmacotecnia.

8. c) Farmacodinámica.

9. b) Farmacocinética.

10. a) Vía oral.

11. c) Terapéutico.

12. c) Cremas.

13. d) Son todas formas sólidas.

14. a) Elixires.

15. c) Reacción adversa.

16. c) A la administración.

17. d) Médica escrita.

18. c) Son de absorción lenta.

19. c) Por ser una zona de amplia vascularización.

20. d) 1 a 2 minutos.

21. d) En todos los casos anteriores.

22. b) Transdérmica.

23. c) Administración de inhaladores.

24. c) Vía intraarticular.

25. d) Vía intramuscular.

26. b) Extremidades inferiores.

27. a) Shock.

28. c) 50.

29. c) Intradérmica.

30. a) Vía subcutánea.

31. a) Para evacuar el acúmulo del líquido.

32. a) Área de almacenamiento y conservación de medicamentos.

33. b) De 2 a 8 ºC.

TEST N.º 7

**El mantenimiento y mejora de las capacidades físicas
y motoras de la persona usuaria en un centro
sociosanitario de carácter residencial**

1. Señala la respuesta correcta. Son características del ejercicio físico:

a) Actividad física no estructurada, informal y realizada de forma aleatoria.
b) Actividad física que pretende mejorar o mantener solamente la fuerza muscular.
c) Actividad física estructurada, planificada y repetitiva.
d) Actividad física que acelera el proceso involutivo en el anciano.

2. La inactividad física o sedentarismo es un factor de riesgo que predispone la aparición de enfermedades:

a) Cardiovasculares.
b) Obesidad.
c) Hipercolesteremia.
d) Todas las respuestas anteriores son correctas.

3. Capacidad del cuerpo de producir energía mediante la utilización de oxígeno es la definición de:

a) Rendimiento físico.
b) Capacidad aeróbica.
c) Capacidad anaeróbica.
d) Consumo de oxígeno en reposo.

4. 1 MET equivale a:

a) 3.5 ml/kg/min.
b) 3 ml/kg/min.
c) 3.2 ml/kg/min.
d) 3.4 ml/Kg/min.

5. ¿Qué se entiende por sarcopenia?

a) Pérdida reversible de fuerza muscular.
b) Pérdida degenerativa de la masa muscular y la fuerza.
c) Pérdida de sensibilidad en miembros superiores.
d) Pérdida de la coordinación y propiocepción.

6. ¿Qué enfermedad(es) son contraindicaciones absolutas al ejercicio físico?

a) Miocarditis aguda.
b) Infarto agudo de miocardio.
c) Marcapasos cardiaco.
d) Angina de pecho estable.

7. De las siguientes enfermedades, ¿cuál o cuáles son una contraindicación relativa al ejercicio físico?

a) Epilepsia no controlada.
b) Estenosis coronaria grave.
c) Infecciones o inflamaciones agudas.
d) Hipertensión arterial moderada.

8. El ejercicio físico aporta beneficios en salud al anciano en diferentes ámbitos, entre ellos el ámbito físico-biológico donde:

a) Se incrementa la incidencia de todas las enfermedades cardiovasculares.
b) Se disminuyen y previenen los factores de riesgo asociados a las enfermedades cardiovasculares.
c) Se aumenta el riesgo de formación de coágulos en vasos sanguíneos.
d) Se incrementa la resistencia a la insulina asociada con el envejecimiento.

9. A nivel psicológico también se producen beneficios en salud en el anciano. Señala la respuesta incorrecta:

a) Incrementa y mejora la función cognitiva.
b) Disminuye la prevalencia de depresión, ansiedad e irritabilidad.
c) Disminuye la calidad de los patrones del sueño.
d) Mejora el estado de ánimo, el miedo y la sensación de soledad.

10. La capacidad de los músculos para generar tensión y vencer una resistencia determinada se denomina:

a) Fuerza.
b) Resistencia.
c) Flexibilidad.
d) Equilibrio.

11. La escala de Borg es una tabla que asocia un valor numérico a la sensación percibida de esfuerzo. Los valores comprendidos entre 10-11 se consideran:

a) Muy ligero.
b) Bastante ligero.
c) Algo ligero.
d) Duro.

12. La escala de Borg es una tabla que asocia un valor numérico a la sensación percibida de esfuerzo. Los valores comprendidos entre 14-15 se consideran:

a) Muy ligero.
b) Bastante ligero.
c) Algo ligero.
d) Duro.

13. La capacidad de mantener la proyección del centro de masa corporal dentro de los límites flexibles de la base de apoyo, de pie o sentado, o en el tránsito a una nueva base de apoyo, como caminar, es la definición de:

a) Fuerza.
b) Resistencia.
c) Flexibilidad.
d) Equilibrio.

14. El trabajo de fuerza muscular de tipo isotónico se divide en varios tipos de fuerza. Indica cuál es el tipo más aconsejado entre la población anciana:

a) Fuerza de resistencia.
b) Fuerza explosiva.
c) Fuerza máxima.
d) Fuerza anaeróbica.

15. Son requisitos indispensables en la planificación de cualquier actividad física en la tercera edad:

a) Motivadora y gratificante.
b) Gratificante.
c) De utilidad.
d) Todas las respuestas anteriores son correctas.

16. Se considera sedentarismo a la no realización de actividad física o su práctica con frecuencia:

a) Menor de 4 veces a la semana y/o 20 minutos cada vez.
b) Menor de 3 veces a la semana y/o 30 minutos cada vez.

c) Menor de 4 veces a la semana y/o 30 minutos cada vez.
d) Menor de 3 veces a la semana y/o 20 minutos cada vez.

17. Respecto a la inmunosenescencia, es falso que:

a) Es una desregulación del sistema inmune que se produce en el proceso de envejecimiento.
b) Se incrementa la incidencia de infecciones.
c) Disminuye el riesgo de desórdenes inmunitarios como autoinmunidad.
d) El ejercicio físico combate la inmunosenescencia.

18. En la fase de calentamiento del diseño de actividad física en la persona mayor, se deben proponer ejercicios encaminados a trabajar:

a) La fuerza muscular y la flexibilidad.
b) La coordinación y la flexibilidad.
c) La fuerza muscular y la coordinación.
d) La coordinación y el equilibrio.

19. Por el contrario, en la fase de desarrollo de la sesión del diseño de actividad física en la persona mayor, se deben proponer ejercicios encaminados a trabajar:

a) La fuerza muscular y la flexibilidad.
b) La coordinación y la flexibilidad.
c) La resistencia cardiovascular y la fuerza muscular.
d) La coordinación y el equilibrio.

20. En la última fase de desarrollo de la sesión del diseño de actividad física en la persona mayor, se deben proponer ejercicios encaminados a trabajar:

a) La fuerza muscular y la coordinación.
b) La coordinación y la flexibilidad.
c) La resistencia cardiovascular y la fuerza muscular.
d) La coordinación y el equilibrio.

21. Se considera contraindicación al ejercicio físico en el agua a:

a) Insuficiencia respiratoria grave.
b) Hipertensión arterial.
c) Diabetes.
d) Alteraciones de la propiocepción.

22. ¿Qué efectos produce el ejercicio en el agua en el cuerpo humano?

a) Disminución del metabolismo.
b) Aumento de la hormona andiurética (ADH) y descenso de la aldosterona.

c) Incremento de la liberación de sodio y potasio.
d) Aumento de la presión sanguínea.

23. A nivel músculo-esquelético, el ejercicio en el agua, no causa:

a) Fortalecimiento de los músculos débiles.
b) Desarrollo de la potencia y de la resistencia para que el músculo se fatigue más fácilmente.
c) Aumento de la oxigenación muscular.
d) Efecto analgésico que favorece la relajación muscular.

24. "Ciencia del movimiento que lo estudia en todas sus formas: laboral, deportiva, doméstica… y que se ocupa tanto del análisis muscular como articular", es la definición de:

a) Cinesiterapia.
b) Cinesiología.
c) Cinefilaxia.
d) Hidrocinefilaxia.

25. Es cierto, respecto a la resistencia anaeróbica:

a) Es la más recomendada en personas mayores.
b) La consecución del aporte energético se consigue a través de una vía metabólica que se activa cuando se realiza actividad de larga duración y a una intensidad baja o media.
c) Es imprescindible para conseguir el rendimiento deportivo.
d) Todas las respuestas anteriores son verdaderas.

Solución al test n.º 7

1. c) Actividad física estructurada, planificada y repetitiva.

2. d) Todas las respuestas anteriores son correctas.

3. b) Capacidad aeróbica.

4. a) 3.5 ml/kg/min.

5. b) Pérdida degenerativa de la masa muscular y la fuerza.

6. a) Miocarditis aguda.

7. d) Hipertensión arterial moderada.

8. b) Se disminuyen y previenen los factores de riesgo asociados a las enfermedades cardiovasculares.

9. b) Disminuye la prevalencia de depresión, ansiedad e irritabilidad.

10. a) Fuerza.

11. b) Bastante ligero.

12. d) Duro.

13. c) Flexibilidad.

14. a) Fuerza de resistencia.

15. d) Todas las respuestas anteriores son correctas.

16. d) Menor de 3 veces a la semana y/o 20 minutos cada vez.

17. c) Disminuye el riesgo de desórdenes inmunitarios como autoinmunidad.

18. b) La coordinación y la flexibilidad.

19. c) La resistencia cardiovascular y la fuerza muscular.

20. b) La coordinación y la flexibilidad.

21. a) Insuficiencia respiratoria grave.

22. c) Incremento de la liberación de sodio y potasio.

23. b) Desarrollo de la potencia y de la resistencia para que el músculo se fatigue más fácilmente.

24. b) Cinesiología.

25. c) Es imprescindible para conseguir el rendimiento deportivo.

TEST N.º 8

**Técnicas y actividades para favorecer las relaciones sociales.
La comunicación verbal y no verbal con personas dependientes
en centros sociosanitarios**

1. Cuando un Técnico en Cuidados Auxiliares de Enfermería se comunica con el paciente, trata de compartir adecuadamente todo lo que se expone, excepto:

a) Informaciones e ideas.
b) Actitudes.
c) Sentimientos.
d) Asuntos personales de trascendencia del técnico.

2. Al individuo que habla, gesticula, escribe, pinta, etc., en la comunicación, se le denomina:

a) Mensajero.
b) Fuente.
c) Receptor.
d) Destino.

3. La comunicación que emplea el código dibujos es:

a) Lingüística escrita.
b) Lingüística visual.
c) No lingüística visual.
d) No lingüística gestual.

4. ¿Qué área o aspecto debe recoger (según el Defensor del pueblo) la humanización de los comportamientos, de las conductas recíprocas en las relaciones entre los enfermos, los médicos y cuantos cooperan a la protección de la salud?

a) El aspecto ético.
b) El aspecto estético.
c) El aspecto profesional.
d) El aspecto laboral.

5. ¿A qué se denomina el método que permite a una persona hacer comprensible a otra cualquier idea o hecho que se le quiere transmitir?

a) Comunicación.
b) Transmisión.
c) Explicación o charla.
d) Transferencia.

6. ¿Qué aspecto de la comunicación se debe dar para hablar correctamente, con lógica y precisión?

a) Apropiado léxico.
b) Respeto en la comunicación (saber escuchar).
c) Adecuada expresión.
d) Atención y escucha activa.

7. ¿A qué se denomina el proceso mediante el cual las personas interpretan y organizan la información con la finalidad de darle significado y comprensión a su mundo?

a) Sensación.
b) Percepción.
c) Racionalidad.
d) Acción.

8. ¿Cuál es el objetivo en la relación interpersonal profesional/paciente/familiar?

a) La salud.
b) La eficiencia profesional.
c) La ayuda.
d) La eficacia profesional.

9. Cuando una relación interpersonal se desarrolla en un régimen de igualdad se dice que es de:

a) Compañerismo.
b) Equilibrada.
c) Empática.
d) Son ciertas las respuestas b) y c).

10. ¿Qué habilidades o destrezas se deben poseer en una adecuada relación interpersonal?

a) Habilidad para solucionar conflictos.
b) Habilidad para expresarse de manera honesta y auténtica.
c) Habilidad para comunicarse clara y directamente, así como para escuchar atentamente.
d) Deben poseerse todas las anteriores.

11. ¿En qué pilares ha de basarse la relación interpersonal?

a) Compromiso, objetivo común y desinterés.
b) Sinceridad, confianza y respeto.
c) Cooperación, dominación y aislamiento.
d) Confianza, creatividad, compromisos renovados y respeto mutuo.

12. ¿Qué componente de la actitud es aquel formado por la idea, el conocimiento o la creencia que se posee de una persona, objeto o hecho?

a) Componente afectivo.
b) Componente conductual.
c) Componente cognoscitivo.
d) Componente físico.

13. ¿En qué componentes de las actitudes, según el modelo de McGill, se deben sustentar el apoyo y la ayuda a la persona enferma, y por ello en su formación?

a) Habilidades sociales y componente conductual de la actitud.
b) Componente físico y conductual de la actitud.
c) Componente afectivo, cognoscitivo y conductual de la actitud.
d) Componente físico, afectivo, cognoscitivo y conductual de la actitud.

14. ¿Cuál es uno de los objetivos de la comunicación?

a) Entretener.
b) Informar.
c) Controlar.
d) Ignorar.

15. ¿Cómo puede influir la información recibida en la toma de decisiones?

a) No tiene ninguna influencia.
b) Puede influir en las acciones y actitudes.
c) Solo influye en las decisiones personales.
d) Solo influye en las decisiones empresariales.

16. ¿Qué tipo de mensajes presentan evidencia en apoyo de la veracidad de una proposición dada?

a) Mensajes racionales.
b) Mensajes emotivos.
c) Mensajes unilaterales.
d) Mensajes bilaterales.

17. ¿Qué tipo de mensajes pueden provocar cambios de conducta en la dirección deseada?

a) Mensajes racionales.
b) Mensajes emotivos.
c) Mensajes unilaterales.
d) Mensajes bilaterales.

18. ¿Qué aspectos se deben tener en cuenta al formular preguntas?

a) El vocabulario utilizado y la estructura de la pregunta.
b) La edad del interlocutor y su nivel socioeconómico.
c) La ubicación geográfica del interlocutor y su religión.
d) El género del interlocutor y su orientación sexual.

19. ¿Cuál es uno de los procesos fundamentales que impactan directamente en las relaciones interpersonales?

a) La percepción.
b) La memoria.
c) El intencionalidad.
d) La acción.

20. Las relaciones interpersonales son deficientes cuando producen:

a) Empatía.
b) Efectividad.
c) Afectividad.
d) Deserción.

21. Las etapas de una relación interpersonal insatisfecha son:

a) Coorperación.
b) Desquite.
c) Dominación.
d) Todas son correctas.

22. Una regla básica para la escucha activa es:

a) Estar en silencio mientras se escucha.
b) No realizar preguntas, ya que parecerá que no lo hemos entendido.
c) Dar palmadas en señal de aprobación.
d) Ninguna de las opciones es correcta.

23. Señala la oración incorrecta:

a) Las actitudes se relacionan con el estado afectivo de la persona.

b) Componente conductual está formado por la tendencia de la conducta que se traduce en comportamientos determinados.

c) La actitud es una disposición estable de la personalidad.

d) Enseñar actitudes desfavorece la personalidad de las personas al no crearlas por si mismos.

Solución al test n.º 8

1. d) Asuntos personales de trascendencia del técnico.

2. b) Fuente.

3. c) No lingüística visual.

4. a) El aspecto ético.

5. c) Explicación o charla.

6. c) Adecuada expresión.

7. b) Percepción.

8. c) La ayuda.

9. a) Compañerismo.

10. d) Deben poseerse todas las anteriores.

11. b) Sinceridad, confianza y respeto.

12. c) Componente cognoscitivo.

13. c) Componente afectivo, cognoscitivo y conductual de la actitud.

14. b) Informar.

15. b) Puede influir en las acciones y actitudes.

16. a) Mensajes racionales.

17. b) Mensajes emotivos.

18. a) El vocabulario utilizado y la estructura de la pregunta.

19. a) La percepción.

20. d) Deserción.

21. d) Todas son correctas.

22. a) Estar en silencio mientras se escucha.

23. d) Enseñar actitudes desfavorece la personalidad de las personas al no crearlas por si mismos.

TEST N.º 9

**Apoyo y estimulación de la comunicación.
Pautas para mejorar la comunicación de las personas usuarias:
escucha activa, empatía, habilidades asertivas**

1. ¿Qué es lo que se debe hacer para adaptarse a la comunicación con un residente con discapacidad intelectual?

a) Ignorar sus necesidades.
b) No hacerlo partícipe de las decisiones.
c) Adaptarse a su nivel de comprensión y comunicación.
d) Sobreprotegerlo en todo momento.

2. ¿Cuál es una de las habilidades que se deben mejorar para estimular la comunicación de las personas usuarias?

a) La agresividad.
b) La empatía.
c) La indiferencia.
d) La intolerancia.

3. ¿Qué tipo de afasia se presenta cuando hay problemas para comprender y usar combinaciones complejas de palabras?

a) Afasia motora o Broca.
b) Afasia sensorial o Wernicke.
c) Afasia semántica o agramatismo receptivo.
d) Afasia nominal o anómica.

4. ¿Cómo podemos ayudar al paciente con afasia semántica o agramatismo receptivo a encontrar la palabra que busca?

a) Diciéndole la última sílaba de la palabra.
b) Diciéndole la primera letra de la palabra.
c) Diciéndole la primera sílaba de la palabra.
d) Dándole una lista de palabras relacionadas con lo que quiere decir.

5. ¿Qué es la afasia semántica o agramatismo receptivo?

a) Una dificultad para producir el lenguaje hablado o escrito.
 b) Una dificultad para comprender el lenguaje hablado o escrito.
c) Una dificultad para recordar palabras.
d) Una dificultad para leer.

6. ¿Qué aspectos se deben tener en cuenta para lograr un intercambio comunicativo efectivo?

a) Tener claro el mensaje que queremos transmitir y buscar la retroalimentación.
b) Hablar rápido y sin pausas.
c) No considerar las características o circunstancias de la persona.
d) No preparar el mensaje que queremos transmitir.

7. ¿Qué tipo de preguntas se pueden hacer para estimular la comunicación con un residente?

a) Preguntas que muestren interés sin entrar en lamentaciones o sobreprotección.
b) Preguntas que no tengan relación con sus intereses o necesidades.
c) Preguntas que lo hagan sentir incómodo o inseguro.
d) Preguntas cerradas que no permitan una respuesta amplia.

8. ¿Qué se debe hacer para adecuar nuestro modo de transmitir el mensaje a las características o circunstancias de la persona?

a) Hablar siempre en un tono alto y fuerte.
b) Usar palabras complejas y técnicas.
c) Adaptar nuestro lenguaje y canal de comunicación a su nivel de comprensión y necesidades.
d) Ignorar sus preferencias personales.

9. ¿Qué habilidad se ve afectada por la lesión de Wernicke?

a) La comprensión del lenguaje.
b) La capacidad para repetir palabras individualmente.
c) La capacidad para repetir series de 3-4 palabras.
d) La capacidad para retener y reproducir el orden serial de las palabras.

10. ¿Por qué es importante buscar la retroalimentación al comunicarse con un residente?

a) Para asegurarnos que nos ha entendido correctamente.
b) Para interrumpirlo y hacerle saber que estamos hablando.
c) Para demostrar nuestra superioridad en la conversación.
d) Para evitar que nos haga preguntas incómodas.

11. ¿Qué actitud se debe tener al comunicarse con un residente?

a) Ser impaciente y no tolerante.
b) Ser comprensivo y tolerante.
c) Ser crítico y exigente.
d) Ser indiferente y desinteresado.

12. ¿Cuál es la diferencia entre hábito y motivación?

a) El hábito es un proceso interno mientras que la motivación es una respuesta conductual.
b) El hábito explica el porqué de la conducta mientras que la motivación explica el cómo y el qué.
c) El hábito es una energía dinamizadora mientras que la motivación es una conducta específica.
d) El hábito se caracteriza por ser habitual y consistente mientras que la motivación va dirigida a la consecución de una meta.

13. ¿Cómo se clasifican los motivos de actuación de una persona?

a) En motivos primarios y secundarios.
b) En motivos biológicos y psicológicos.
c) En motivos innatos y adquiridos.
d) En motivos de supervivencia y de realización personal.

14. ¿Qué son los motivos primarios?

a) Son procesos psicológicos que dan explicación al comportamiento de una persona.
b) Son necesidades adquiridas por la persona a lo largo de su vida.
c) Son necesidades primarias para mantener la homeostasis del medio interno.
d) Son necesidades para lograr objetivos y satisfacer deseos personales.

15. ¿Son los factores higiénicos?

a) Son factores que están relacionados con la insatisfacción y con la perspectiva ambiental.
b) Son factores que dependen del ambiente externo y del trabajo con el individuo.
c) Son factores que se destinan simplemente a evitar la insatisfacción.
d) Son factores que se usan tradicionalmente por las organizaciones para obtener motivación de los empleados.

16. ¿Por qué Herzberg escogió la palabra "higiene" para referirse a estos factores?

a) Porque reflejan su carácter preventivo y profiláctico.
b) Porque están relacionados con la insatisfacción y con la perspectiva ambiental.

c) Porque se destinan simplemente a evitar la insatisfacción.

d) Porque son usados tradicionalmente por las organizaciones para obtener motivación de los empleados.

17. ¿Qué propone la Teoría Y de McGregor sobre las personas?

a) Que prefieren que los dirijan y tienen poca ambición.

b) Que evitan el trabajo siempre que pueden.

c) Que pueden asumir el trabajo como una fuente de satisfacción.

d) Que necesitan ser obligadas a trabajar por la fuerza.

18. ¿Qué es la necesidad de poder en la Teoría de la motivación con base en las necesidades de McClelland?

a) Necesidad de obtener satisfacción al sentirse amados y evitar el dolor de ser rechazados por el grupo social.

b) Necesidad de un perfil de personas firmes, extrovertidas, obstinadas y exigentes que disfrutan enseñando y hablando en público.

c) Necesidad de personas que manifiestan intenso deseo de alcanzar el éxito e intenso temor al fracaso.

d) Ninguna de las anteriores.

19. ¿Qué es la necesidad de afiliación en la Teoría de la motivación con base en las necesidades de McClelland?

a) Necesidad de obtener satisfacción al sentirse amados y evitar el dolor de ser rechazados por el grupo social.

b) Necesidad de un perfil de personas firmes, extrovertidas, obstinadas y exigentes que disfrutan enseñando y hablando en público.

c) Necesidad de personas que manifiestan intenso deseo de alcanzar el éxito e intenso temor al fracaso.

d) Ninguna de las anteriores.

20. ¿Cómo se diferencian las emociones de los sentimientos según la información proporcionada en la página?

a) Las emociones son estables y duraderas, mientras que los sentimientos son pasajeros.

b) Las emociones son más intensas que los sentimientos.

c) Los sentimientos son estables y duraderos, mientras que las emociones son pasajeras.

d) No se proporciona información suficiente para diferenciar claramente entre emociones y sentimientos.

21. ¿Qué son los estados de ánimo y cómo se relacionan con la afectividad?

a) Los estados de ánimo son experiencias afectivas breves y pasajeras.

b) Los estados de ánimo son experiencias afectivas estables y duraderas.

c) Los estados de ánimo no están relacionados con la afectividad.

d) No se proporciona información suficiente para establecer una relación clara entre estados de ánimo y afectividad.

22. ¿Cómo afectan las pasiones a la personalidad y conducta del sujeto según lo descrito en la página?

a) Las pasiones no tienen ningún efecto en la personalidad o conducta del sujeto.

b) Las pasiones pueden producir una deformación de las ideas del sujeto, dando lugar a ideas sobrevaloradas que rigen su personalidad y conducta.

c) Las pasiones pueden hacer que el sujeto sea más racional en sus decisiones.

d) No se proporciona información suficiente para establecer una relación clara entre pasiones, personalidad y conducta.

Solución al test n.º 9

1. c) Adaptarse a su nivel de comprensión y comunicación.

2. b) La empatía.

3. c) Afasia semántica o agramatismo receptivo.

4. c) Diciéndole la primera sílaba de la palabra.

5. b) Una dificultad para comprender el lenguaje hablado o escrito.

6. a) Tener claro el mensaje que queremos transmitir y buscar la retroalimentación.

7. a) Preguntas que muestren interés sin entrar en lamentaciones o sobreprotección.

8. c) Adaptar nuestro lenguaje y canal de comunicación a su nivel de comprensión y necesidades.

9. d) La capacidad para retener y reproducir el orden serial de las palabras.

10. a) Para asegurarnos que nos ha entendido correctamente.

11. b) Ser comprensivo y tolerante.

12. d) El hábito se caracteriza por ser habitual y consistente mientras que la motivación va dirigida a la consecución de una meta.

13. a) En motivos primarios y secundarios.

14. c) Son necesidades primarias para mantener la homeostasis del medio interno.

15. b) Son factores que dependen del ambiente externo y del trabajo con el individuo.

16. a) Porque reflejan su carácter preventivo y profiláctico.

17. c) Que pueden asumir el trabajo como una fuente de satisfacción.

18. b) Necesidad de un perfil de personas firmes, extrovertidas, obstinadas y exigentes que disfrutan enseñando y hablando en público.

19. a) Necesidad de obtener satisfacción al sentirse amados y evitar el dolor de ser rechazados por el grupo social.

20. c) Los sentimientos son estables y duraderos, mientras que las emociones son pasajeras.

21. b) Los estados de ánimo son experiencias afectivas estables y duraderas.

22. b) Las pasiones pueden producir una deformación de las ideas del sujeto, dando lugar a ideas sobrevaloradas que rigen su personalidad y conducta.

TEST N.º 10

Papel del personal con categoría de Auxiliar de Clínica en el tratamiento no farmacológico de la enfermedad de Alzheimer

1. **¿Generalmente cuánto dura el tercer grado de la enfermedad de Alzheimer, que lleva a la muerte del paciente?**

a) 6 años.
b) 3 años.
c) 2 años.
d) 1 año.

2. ¿En qué grado de la enfermedad de Alzheimer se produce el inicio de las dificultades en la realización de tareas complejas?

a) En el grado 1.
b) En el grado 2.
c) En el grado 3.
d) En el grado 4.

3. ¿Cómo se denomina la necesidad de tocar compulsivamente y examinar cada objeto en el entorno, típico del tercer grado de la enfermedad de Alzheimer?

a) Hiperoralidad.
b) Bulimia.
c) Hiperetamorfosis.
d) Estereotipias.

4. ¿Qué alteraciones afectivas se pueden dar en el primer grado de Alzheimer?

a) Ansiedad y depresión consciente.
b) Irritabilidad notable.
c) Arreactivas afectivamente.
d) Ansiedad y depresión inconsciente.

5. ¿En qué grado de la enfermedad de Alzheimer se produce el fallo de la memoria a corto plazo con un descenso en la concentración, un aumento de la distracción y una apariencia de despiste?

a) En el grado 1.
b) En el grado 2.
c) En el grado 3
d) En el grado 4.

6. ¿Cómo se ve afectado el tono muscular en el alzhéimer como resultado del deterioro del Sistema Nervioso Central?

a) El tono muscular aumenta (hipertonía).
b) El tono muscular disminuye (hipotonía).
c) Se queda sin tono muscular (atonía).
d) No se afecta en absoluto el tono muscular.

7. ¿Cuál es la probabilidad general en un adulto de desarrollar el alzhéimer (en %)?

a) 0,1 %.
b) 1 %.
c) 10 %.
d) 20 %.

8. ¿Qué afirmación respecto al alzhéimer es incorrecta?

a) Los cambios que se dan en la demencia son temibles para las familias, y es muy doloroso tener que ser testigo del rápido deterioro de los seres queridos.
b) Las familias con enfermos de alzhéimer no sufren problemas ni físicos, por agotamiento ni de otra índole (emocionales, económicos...), ya que los enfermos son muy colaborativos.
c) La enfermedad de Alzheimer no implica un modelo claro de herencia, sino que se sospecha un componente genético.
d) Si un pariente está afectado por la enfermedad, la posibilidad de desarrollarla es de un 4 por 100.

9. ¿Cuál es la probabilidad aproximadamente de que un adulto medio desarrolle la enfermedad de Alzheimer?

a) Es aproximadamente de 1 por cada 10.
b) Es aproximadamente de 1 por cada 50.
c) Es aproximadamente de 1 por cada 100.
d) Es aproximadamente de 1 por cada 200.

10. ¿Qué valoración de enfermería no se realiza en enfermos de Alzheimer?

a) No se realizará valoración del área psicomotriz.
b) No se realizará valoración del área del lenguaje.
c) No se realizará valoración del área nivel de consciencia.
d) Se debe hacer valoración de todo lo anterior.

11. ¿Qué aspecto específico, de los que se van a nombrar, no es de importancia en la valoración de cuidados de enfermería en enfermos de Alzheimer?

a) Padece incontinencia.
b) Sufre ya alteración del nivel de conciencia.
c) Cuál es su renta económica mensual.
d) Son todos de importancia.

12. ¿Qué es la demencia?

a) La pérdida insidiosa y progresiva de capacidades mentales.
b) La capacidad de percibir estímulos internos y externos.
c) El nivel de conocimiento de la identidad de uno y la situación.
d) La forma más común de enfermedad orgánica cerebral.

13. ¿Qué tipo de preguntas se deben hacer para comunicarse con una persona con necesidades básicas?

a) Preguntas abiertas.
b) Preguntas complejas.
c) Preguntas simples y cerradas.
d) Preguntas retóricas.

14. ¿Qué actividad se puede realizar si la persona no comprende las frases cortas?

a) Hablar más rápido.
b) Utilizar frases más complejas.
c) Repetir las frases cortas.
d) Dejar de comunicarse.

15. ¿Cuál es una intervención de enfermería para lograr un descanso ininterrumpido durante la noche en pacientes con alteración del patrón de sueño?

a) Aumentar factores del entorno que favorezcan el descanso (música relajante, aromaterapia).
b) Desalentar la realización de ejercicio durante el día.
c) Aumentar el uso de estimulantes (café, tabaco), para mantener al paciente despierto.
d) Proporcionar medidas de comodidad que favorezcan el descanso.

16. ¿Cuál de las siguientes técnicas es una parte fundamental del psicoanálisis?

a) La persuasión.
b) La hipnosis.
c) La terapia cognitivo-conductual.
d) La asociación libre.

17. ¿Quiénes son los principales representantes de las terapias conductuales?

a) Freud y Jung.
b) Rogers y Maslow.
c) Pávlov, Watson y Skinner.
d) Adler y Horney.

18. ¿Cuál es el objetivo de las técnicas aversivas?

a) Reducir o eliminar la ansiedad.
b) Aumentar una conducta existente.
c) Implantar una nueva conducta.
d) Eliminar conductas no deseadas o desadaptativas.

19. ¿Cuál es el objetivo de las técnicas racionales o de reestructuración cognitiva?

a) Identificar y modificar las cogniciones.
b) Adquirir habilidades para manejar situaciones evocadoras de estrés.
c) Entrenar para el análisis y abordaje de problemas.
d) Dotar al individuo de habilidades básicas.

20. ¿En qué se centra la escuela estructural de Minuchin?

a) En la solución del problema tratando de evitar factores que lo mantienen.
b) En la organización jerárquica de la familia y sus reglas de participación y poder.
c) En modificar la forma en que la familia ofrece consecuencias a la conducta de un miembro.
d) En el entrenamiento de padres, terapia de parejas y tratamiento de esquizofrenia.

Solución al test n.º 10

1. d) 1 año.

2. a) En el grado 1.

3. c) Hiperetamorfosis.

4. a) Ansiedad y depresión consciente.

5. a) En el grado 1.

6. a) El tono muscular aumenta (hipertonía).

7. b) 1 %.

8. b) Las familias con enfermos de Alzheimer no sufren problemas ni físicos, por agotamiento ni de otra índole (emocionales, económicos…), ya que los enfermos son muy colaborativos.

9. c) Es aproximadamente de 1 por cada 100.

10. d) Se debe hacer valoración de todo lo anterior.

11. c) Cuál es su renta económica mensual.

12. a) La pérdida insidiosa y progresiva de capacidades mentales.

13. c) Preguntas simples y cerradas.

14. c) Repetir las frases cortas.

15. d) Proporcionar medidas de comodidad que favorezcan el descanso.

16. d) La asociación libre.

17. c) Pávlov, Watson y Skinner.

18. d) Eliminar conductas no deseadas o desadaptativas.

19. a) Identificar y modificar las cogniciones.

20. b) En la organización jerárquica de la familia y sus reglas de participación y poder.

TEST N.º 11

La limpieza y desinfección de materiales e instrumentos de uso común en la atención higiénica y en el cuidado básico de la persona usuaria, en un centro sociosanitario de carácter residencial

1. ¿Qué cuestión no se pretende con un correcto aseo del paciente?

a) Conservar el buen estado de la piel, eliminando la suciedad, el mal olor y el sudor.
b) Cubrir parte de las necesidades de seguridad del paciente al prevenir la aparición de infecciones.
c) Refrescar al paciente, para que sienta sensación de confort y bienestar.
d) Evitar la necesidad de aseo en los genitales varias veces al día, debido a su efecto yatrogénico.

2. ¿Qué material se incluiría como elemento de protección respecto a la higiene de la piel?

a) Ropa del enfermo.
b) Sábana pequeña.
c) Palangana.
d) Cuña.

3. El orinal plano es un material o elemento de:

a) Evacuación.
b) Protección.
c) Lavado.
d) Recambio.

4. La zona del lavado de genitales externos del paciente se debe hacer con:

a) Jabón líquido y agua.
b) Antiséptico no irritante y agua.
c) Antiséptico irritante y agua.
d) Antiséptico no irritante y jabón.

5. La uña incarnada se denomina también:

a) Onicofagia.
b) Onicocriptosis.
c) Onicomicosis.
d) Onicomalacia.

6. ¿Qué afirmación es incorrecta del vestido y desvestido del enfermo?

a) Al paciente hay que taparlo con una toalla o con la sábana a la hora de desnudarlo.
b) El camisón se retira por la cadera, hasta miembros inferiores, sacándolo por debajo de los pies.
c) El TCAE debe colocarse guantes para realizar este procedimiento.
d) La chaqueta del pijama se desabrocha y se saca primero un brazo y después el otro.

7. ¿Qué tipo de higiene se realiza cuando el paciente conserva la movilidad pero no puede levantare, por lo que él asume su higiene siendo auxiliado en caso necesario por la enfermera (espalda, pies, etc.)?

a) Baño completo en la cama.
b) Baño parcial.
c) Baño en la cama.
d) Baño en bañera.

8. Señala la respuesta incorrecta. Con un correcto aseo del paciente se pretende:

a) Conservar el buen estado de la piel.
b) Estimular la circulación sanguínea.
c) Refrescar al paciente.
d) Curar la patología que pueda haberse producido por infecciones bacterianas.

9. Para asear a un paciente enfermo se empezaría por:

a) El tórax y las extremidades superiores.
b) Los pies.
c) La cara, el cuello y las orejas.
d) La zona genital.

10. Tanto si se trata de baño completo o parcial, uno de los principios a seguir a la hora de abordar al enfermo es:

a) Actuar lentamente para disminuir el riesgo de cansancio.
b) Moverlo rápidamente.
c) Cubrir al paciente con una sábana de forma parcial.
d) Descubrir todo el cuerpo y cubrir la zona a limpiar.

11. ¿Cómo se debe proceder con los pacientes tetrapléjicos para realizar su higiene de la zona posterior?

a) Nunca deben levantarse.
b) Levantándolos en bloque.
c) En la posición de decúbito lateral derecho.
d) En la posición de decúbito lateral izquierdo.

12. ¿Qué debe vigilar el ATS/DUE durante la realización de la higiene del paciente asistido con ventilación artificial?

a) Su estado anímico.
b) Los sistemas y conexiones del respirador, así como los tubos y cánulas.
c) La frecuencia cardíaca y demás constantes vitales.
d) Nada de lo antes mencionado tiene interés.

13. ¿Qué cuestión no es cierta en la recogida de excretas?

a) Las mujeres pueden usar las cuñas, tanto para miccionar como para defecar.
b) Las cuñas empleadas fundamentalmente en recogida de excretas son de plástico o acero.
c) El procedimiento del uso de la cuña no tiene por qué explicarlo el TCAE.
d) Hay cuñas especiales para pacientes traumatizados, siendo generalmente de menor altura para favorecer su colocación.

14. El baño en la cama completo se hará como mínimo:

a) Cuando cambie cada turno.
b) Cuando el paciente lo solicite.
c) Mínimo una vez al día, por la mañana.
d) Al menos una vez a la semana.

15. La preparación del material necesario para el aseo del paciente se realizará:

a) Después de preparar el agua entre 37 y 40º C.
b) Después de informar al paciente.
c) Antes de comenzar el procedimiento.
d) Una vez que se ha lavado al paciente.

16. El aseo de aquellos pacientes que, conservando o no la movilidad, deben permanecer en la cama, exige como procedimiento que:

a) Se desnude completamente al paciente.
b) Se destapen aquellas partes que vayan a ser lavadas.
c) Se coloque al paciente en posición de decúbito lateral.
d) El celador se coloque un delantal antes del inicio del procedimiento.

17. Señala la respuesta incorrecta. Una norma general para el aseo es:

a) Temperatura del agua para el baño entre 27 - 30º C.
b) Lavar cada zona del cuerpo una vez.
c) Secar perfectamente al paciente.
d) Procurar preservar la intimidad del paciente.

18. El baño completo en la cama para los pacientes que están hospitalizados encamados debe realizarse:

a) En casos excepcionales.
b) Tantas veces como sea necesario.
c) Cuando la enfermera lo indique.
d) Cada dos días.

19. Una de las siguientes normas para realizar el aseo de un paciente es un error. Indica cuál:

a) Mantener la habitación a una temperatura adecuada.
b) Preparar el material necesario y tenerlo a mano.
c) Colocar al paciente en la posición más cómoda posible.
d) Ventilar la habitación durante el baño.

20. Señala, de los siguientes materiales, cuál de ellos no sería material de protección para el baño:

a) Hule.
b) Toallas.
c) Manta de baño.
d) Biombo.

21. En relación con el procedimiento del aseo de un paciente encamado:

a) Lo último que lavaremos será la región perineal.
b) Comenzaremos por el abdomen, tórax y mamas.
c) En la zona de la cara, cuello y orejas se comenzará por el cuello.
d) Las extremidades inferiores se lavan de abajo hacia arriba.

22. Para realizar el aseo de los genitales de un paciente encamado es imprescindible:

a) Hacerlo con antiséptico desbridante.
b) Hacerlo en la dirección de región anal a genitales.
c) Colocar una cuña debajo del periné.
d) No secar la zona después del lavado.

23. En el aseo del paciente en cama:

a) Se desnuda completamente al paciente.
b) Se lavan las zonas varias veces.
c) Se lava por zonas una sola vez.
d) Se enjabona y aclara el cuerpo todo de una vez.

24. El procedimiento para lavar los ojos del paciente encamado será con:

a) Una esponja humedecida en agua y desinfectante.
b) Una torunda mojada en agua sujeta con unas pinzas.
c) Una toalla húmeda.
d) Agua proyectada con una jeringa.

25. ¿Qué cuestión no se pretende con un correcto aseo del paciente?

a) Conservar el buen estado de la piel, eliminando la suciedad, el mal olor y el sudor.
b) Cubrir parte de las necesidades de seguridad del paciente al prevenir la aparición de infecciones.
c) Refrescar al paciente, para que sienta sensación de confort y bienestar.
d) Evitar la necesidad de aseo en los genitales varias veces al día, debido a su efecto yatrogénico.

26. ¿Qué elementos o materiales necesarios para el aseo del paciente son de lavado?

a) Hule.
b) Manta de baño.
c) Esponjas y guantes.
d) Cuña.

27. ¿Qué material de estos incluirías dentro de los elementos de protección respecto a la higiene de la piel?

a) Ropa del enfermo.
b) Sábana pequeña.
c) Palangana.
d) Cuña.

28. El lavado de cabellos del paciente debe realizarse aproximadamente:

a) Todos los días.
b) Cada tres días.
c) Una vez a la semana.
d) Depende de la suciedad que este tenga.

29. El orinal plano es un material o elemento de:

a) Evacuación.
b) Protección.
c) Lavado.
d) Recambio.

30. ¿Cuál debe ser la temperatura del agua para el baño, si se realiza la técnica del baño completo en la cama?

a) 18 ºC.
b) Entre 22-24 ºC.
c) Entre 30-32 ºC.
d) Entre 37-40 ºC.

31. ¿Qué tipo de agentes utiliza más frecuentemente la asepsia para conseguir matar y eliminar los microorganismos?

a) Agentes mecánicos.
b) Agentes físicos.
c) Agentes biológicos.
d) Agentes químicos.

32. El material estéril:

a) No posee ningún tipo de microorganismo patógeno.
b) No posee gérmenes tipo virus, bacterias y hongos.
c) No posee ningún tipo de microorganismo patógeno, ni microorganismo no patógeno, e incluso ni siquiera sus formas de resistencia.
d) No posee ningún tipo de microorganismo patógeno y no patógeno.

33. ¿Qué termino es sinónimo de antisepsia en la práctica?

a) Descontaminación.
b) Desinfección.
c) Esterilización.
d) Desinfestación.

34. ¿Cómo se denomina al conjunto de técnicas destinadas a la eliminación de los artrópodos?

a) Desinsectación.
b) Desinfección.
c) Esterilización.
d) Desinfestación.

35. ¿Qué insecticidas en la práctica se consideran los más importantes?

a) Asfixiantes.
b) Fumigantes.
c) Repelentes.
d) Por contacto.

36. ¿A qué grupo de insecticidas pertenece el famoso DDT?

a) Asfixiantes.
b) Fumigantes.
c) Repelentes.
d) Por contacto.

37. Se habla de infestación cuando la agresión se produce por:

a) Bacterias.
b) Virus.
c) Parásitos.
d) Hongos.

Solución al test n.º 11

1. d) Evitar la necesidad de aseo en los genitales varias veces al día, debido a su efecto yatrogénico.

2. b) Sábana pequeña.

3. a) Evacuación.

4. a) Jabón líquido y agua.

5. b) Onicocriptosis.

6. b) El camisón se retira por la cadera, hasta miembros inferiores, sacándolo por debajo de los pies.

7. c) Baño en la cama.

8. d) Curar la patología que pueda haberse producido por infecciones bacterianas.

9. c) La cara, el cuello y las orejas.

10. c) Cubrir al paciente con una sábana de forma parcial.

11. b) Levantándolos en bloque.

12. b) Los sistemas y conexiones del respirador, así como los tubos y cánulas.

13. c) El procedimiento del uso de la cuña no tiene por qué explicarlo el TCAE.

14. c) Mínimo una vez al día, por la mañana.

15. c) Antes de comenzar el procedimiento.

16. b) Se destapen aquellas partes que vayan a ser lavadas.

17 a) Temperatura del agua para el baño entre 27 - 30º C.

18. b) Tantas veces como sea necesario.

19. d) Ventilar la habitación durante el baño.

20. b) Toallas.

21. a) Lo último que lavaremos será la región perineal.

22. c) Colocar una cuña debajo del periné.

23. c) Se lava por zonas una sola vez.

24. b) Una torunda mojada en agua sujeta con unas pinzas.

25. d) Evitar la necesidad de aseo en los genitales varias veces al día, debido a su efecto yatrogénico.

26. c) Esponjas y guantes.

27. b) Sábana pequeña.

28. c) Una vez a la semana.

29. a) Evacuación.

30. d) Entre 37-40 ºC.

31. b) Agentes físicos.

32. c) No posee ningún tipo de microorganismo patógeno, ni microorganismo no patógeno, e incluso ni siquiera sus formas de resistencia.

33. b) Desinfección.

34. a) Desinsectación.

35. d) Por contacto.

36. d) Por contacto.

37. c) Parásitos.

TEST N.º 12

Técnicas sanitarias de urgencia y de primeros auxilios ante un atragantamiento, determinando la más adecuada en función de la situación, en un centro residencia de personas dependientes

1. Una patología que puede llevar a la muerte y que debe ser atendida en un tiempo inferior a una hora, según la OMS, es:

a) Un accidente.
b) Un siniestro.
c) Una urgencia.
d) Una emergencia.

2. Para valorar el nivel de conciencia del politraumatizado usaremos el método:

a) VOS.
b) PAS.
c) ALEC.
d) ALLEN.

3. ¿Cuáles son las primeras medidas a poner en marcha en un esguince que se encuentra en un paciente politraumatizado mientras se realiza en la valoración secundaria?

a) Venda de sostén o presión y hielo o compresas frías alrededor de la articulación lesionada.
b) Reposo y elevación de la articulación.
c) Evitar la posición colgante de la articulación lesionada.
d) Todas las respuestas son correctas.

4. Se denomina PIC a:

a) Presión intercraneal.
b) Presión intracraneal.
c) Posición cervical.
d) Posición craneal.

5. ¿Cuál será la actitud general ante una amputación traumática parcial?

a) Cubrir el miembro parcialmente con una bolsa de plástico impermeable, secar cuidadosamente la porción cercenada, envolverla con un paño estéril envolver esta bolsa con una segunda bolsa sellada y trasladar al paciente con el miembro elevado.

b) Colocar la parte amputada en una posición funcional y aplicar una cubierta protectora envolviendo el miembro con gasas estériles apretándolo bien para parar el sangrado y elevar el miembro.

c) Colocar la parte amputada en una posición funcional y aplicar una cubierta protectora envolviendo el miembro con gasas estériles, pero sin apretarlo tanto que produzca una mayor compresión que comprometa el flujo sanguíneo, cubrir el miembro completamente con una bolsa de plástico impermeable, envolver esta bolsa con una segunda cubierta plástica llena de agua helada o hielo picado cerrándolo con esparadrapo y trasladar al paciente con el miembro elevado.

d) Ninguna es correcta.

6. Se consideran quemaduras leves las de extensión de:

a) Menos del 10 % si las quemaduras son de 2.º grado y menos del 2 % si son de 3.er grado y no afectan a localizaciones especiales.

b) Menos del 18 % si son de 2.º grado y menos del 9 % si son de 3.er grado y no afectan a localizaciones especiales.

c) Menos del 15 % si son de 2.º grado y menos del 5 % si son de 3.er grado y no afectan a localizaciones especiales.

d) Menos del 9 % si son de 2.º grado y menos del 3 % si son de 3.er grado y no afectan a localizaciones especiales.

7. Según el origen del shock, podemos clasificarlo en:

a) Shock hipovolémico, hipervolémico, cardiogénico, obstructivo, distributivo y vasogénico.

b) Shock hipovolémico, cardiogénico, obstructivo y distributivo.

c) Shock hipovolémico, hipervolémico, cardiogénico y vasogénico.

d) Shock hipovolémico, cardiogénico, obstructivo, distributivo, séptico y vasogénico.

8. ¿Cuál es el tipo de shock más frecuente?

a) El shock hipovolémico.

b) El shock cardiogénico.

c) El shock obstructivo.

d) El shock hipervolémico.

9. ¿Qué tres mecanismos se pueden emplear para disminuir la absorción de tóxicos por vía digestiva?

a) Administración de eméticos, lavado y aspiración gástrica y administración de catárticos.

b) Vaciado gástrico, administración de adsorbentes y administración de catárticos.

c) Administración de eméticos, administración de carbón activado y administración de catárticos.

d) Administración de acetilcisteína, administración de adsorbentes y vaciado gástrico.

10. ¿Cuál de los siguientes es el tratamiento para la intoxicación por benzodiacepinas?

a) El tratamiento es sintomático.

b) El tratamiento indicado es el lavado gástrico incluso pasadas 12 horas, monitorización cardiaca y administración de bicarbonato sódico.

c) El tratamiento específico es la administración de su antídoto, N-acetilcisteína y si la ingesta es reciente están indicados el lavado gástrico y el carbón activado.

d) El tratamiento consiste en el lavado gástrico y carbón gástrico y la administración intravenosa de flumazenil.

11. ¿Cuáles son las valoraciones que se deben hacer a un paciente con un traumatismo craneoencefálico?

a) Valoración respiratoria y neurológica.

b) Valoración circulatoria y externa en busca de heridas.

c) Valoración respiratoria, circulatoria y neurológica.

d) Valoración circulatoria e inspección, palpación y auscultación de la cabeza.

12. ¿Qué tres parámetros se evalúan en la atención de enfermería de un paciente con un traumatismo craneoencefálico para evaluar su conciencia?

a) Apertura de ojos, respuesta verbal y respuesta motora.

b) Apertura de ojos, respuesta pupilar ante un foco de luz y respuesta verbal.

c) La relación entre las pupilas, la presión intracraneal y la capacidad pulmonar.

d) Respuesta motora, respuesta verbal y respuesta pupilar a la luz.

13. Diferenciaremos que la sintomatología de la contusión es en el deltoides porque:

a) La contusión suele provocar lumbalgias de tipo muscular.

b) La flexión dorsal suele estar muy limitada y es dolorosa.

c) La contusión puede provocar desde hombros dolorosos simples hasta hombros congelados con compresión nerviosa, que deberemos valorar.

d) La intensidad de la lesión por la limitación de la flexión activa y pasiva de la rodilla.

14. Los signos y síntomas de las fracturas consisten en:

a) Hinchazón, cambios de color, mareos, náuseas, delirios.

b) Torpeza, sudoración, angustia, fatiga, hinchazón local, arritmias y cambios de humor.

c) Dolor, pérdida de función, deformidad, acortamiento, crepitación, hinchazón local y cambios de color.

d) Ninguna de las respuestas anteriores es cierta.

15. Una de las fases de cicatrización de los huesos es:

a) Epifisiaria.
b) Osificación.
c) Impactada.
d) Oblicua.

16. En las fracturas de huesos largos los fragmentos pueden presentar un traslado de:

a) 3 a 6 cm.
b) 1,5 a 5 cm.
c) 2,5 a 4,5 cm.
d) 2,5 a 5 cm.

17. ¿Cuál de estas corresponde al grado IV de fractura abierta?

a) Es una herida abierta de menos de 1 cm de longitud.
b) Es de mayor diámetro sin lesión extensa de los tejidos blandos.
c) No existe el grado IV de fractura abierta.
d) Es más grave, con lesión amplia de tejidos blandos y alto grado de contaminación.

18. ¿Cuál de las siguientes forma parte de los factores de cicatrización de las heridas?

a) Insomnio.
b) Huésped comprometido.
c) Ansiedad.
d) Sistema respiratorio.

19. La infección de una herida quirúrgica se puede hacer evidente entre los:

a) 3 y 7 días del posoperatorio.
b) 1 y 8 días del posoperatorio.
c) 2 y 10 días del posoperatorio.
d) 2 y 11 días del posoperatorio.

20. Cuando la profundidad de la herida atraviesa el tejido subcutáneo hablamos de tipo:

a) Perforante.
b) Profunda.
c) Superficial.
d) Penetrante.

21. Las heridas se manifiestan clínicamente por:

a) Dolor, hemorragia y separación de los bordes de la piel por la herida.
b) Dolor, contusión y membrana mucosa abierta.
c) Hemorragia, rotura de la piel y enrojecimiento de esta.
d) Rotura de la piel, dolor y hemorragia.

22. Forma parte de la actitud de enfermería en caso de hemorragia dental:

a) Informar al paciente de la necesidad de respirar por la boca y de evitar toser o realizar movimientos bruscos para que no se deshaga el coágulo que se forma.
b) Tomar las constantes vitales de forma continua.
c) Colocar un tapón de gasa humedecido en agua oxigenada en el lugar de la hemorragia e informar al paciente de que debe aprisionarlo fuertemente.
d) Trasladar al paciente al hospital.

23. Una pérdida de sangre es mortal cuando es superior al:

a) 30-60 %.
b) 60 %.
c) 80 %.
d) 70 %.

24. Sabemos que es una hemorragia arterial cuando:

a) La sangre que brota lo hace de forma continua y babeante. Es de color rojo menos intenso que la sangre arterial (color rojo azulado).
b) La sangre es de color rojo intenso y sale a presión, siendo más acentuada la salida con la sístole cardiaca.
c) Brota de múltiples puntos en forma de sábana (como si de manantiales de agua se tratara). Es de color intermedio entre los dos anteriores.
d) La sangre es de color negro intenso y no se aprecia presión.

25. Una dosis letal de Metanol es:

a) 70 ml.
b) 30 ml.
c) 50 ml.
d) 40 ml.

26. El tratamiento por intoxicación de monóxido de carbono consiste en:

a) Un lavado gástrico y carbón activado, debiendo prestar especial atención a los fallos respiratorios.
b) La administración de oxígeno al 100 % (si es necesario en cámara hiperbárica).
c) El vaciado gástrico, no siendo efectivo en este caso el carbón activo.
d) El tratamiento es sintomático.

27. Las benzodiacepinas son:

a) Fármacos hipnótico-sedantes que se emplean sobre todo en el tratamiento del insomnio, la ansiedad, las rigideces musculares y en anestesiología.

b) Fármacos hipnótico-sedantes (fenobarbital, tiopental, pentobarbital…). Están cayendo rápidamente en desuso debido a la fuerte depresión respiratoria que producen y a los problemas de dependencia que generan.

c) Un mineral empleado en el tratamiento de las psicosis maníaco-depresivas. La intoxicación se suele producir por la proximidad entre los niveles terapéuticos (0,7-1,3 mEq/L) y los niveles de toxicidad (por encima de 1,5 mEq/L).

d) Conocidos como tranquilizantes mayores y provocan en el paciente una fuerte sedación, tranquilidad psicomotora e indiferencia afectiva y al medio que les rodea.

28. Los IMAO se emplean en:

a) El tratamiento de la depresión. Los más usados son probablemente los tricíclicos (imipramida, amitriptilina, trimipramida, doxepina, nortriptilina…).

b) Aumentar el consumo de glucosa y estimular el centro respiratorio. El ácido acetilsalicílico es además muy utilizado por sus excelentes cualidades como antiagregante plaquetario.

c) Depresiones que no responden al tratamiento con los antidepresivos cíclicos y también en algunos tipos de neurosis y situaciones de estrés.

d) Ninguna de las respuestas anteriores es correcta.

29. ¿Cuáles son los objetivos del tratamiento tópico de las quemaduras?

a) Combatir la infección, favorecer la epitelización y calmar el dolor.

b) Evacuar las flictenas y recortarlas.

c) Combatir la infección y usar vendas de algodón en las quemaduras.

d) Favorecer la cicatrización y combatir la infección.

30. ¿Cómo se realiza una correcta valoración de la fase del shock en un paciente?

a) Varía en función del tipo de shock, la etapa y el grado de compensación.

b) Estudiando la repercusión a nivel periférico del inadecuado aporte de oxígeno.

c) Estudiando la conciencia del paciente.

d) Estudiando la repercusión a nivel central del inadecuado aporte de oxígeno.

31. Consideramos que lo ideal sería que supieran técnicas de RCP:

a) Todo el personal sanitario.

b) Todo el personal de primera intervención.

c) Todos los ciudadanos.

d) Todo el personal que trabaje en un servicio sanitario.

32. El estilo Utstein en el soporte vital básico es:

a) Un acuerdo a nivel mundial para consensuar definiciones relacionadas con la RCP.
b) La principal asociación de indicaciones en RCP a nivel europeo.
c) La secuencia de actuación correcta ante una emergencia clínica.
d) Todas son ciertas.

33. En RCP consideramos finalizado el proceso si:

a) Se mantiene la circulación espontánea durante 20 minutos.
b) Llegan los servicios de emergencias extrahospitalaria.
c) Aparece respiración espontánea.
d) Todas las respuestas son ciertas.

34. El primer eslabón de la cadena de supervivencia es:

a) RCP básica.
b) Desfibrilación precoz.
c) Activación de los servicios de emergencia.
d) Soporte vital avanzado.

35. Lo primero que se debe hacer en una situación de emergencia es:

a) Avisar a los servicios sanitarios.
b) Realizar una valoración del paciente.
c) Protegernos a nosotros, al paciente y a la zona.
d) Socorrer al herido.

36. El número seleccionado en toda Europa para la activación de los servicios de emergencias es:

a) 112.
b) 061.
c) 060.
d) 091.

37. El cerebro humano empieza a deteriorarse por falta de oxígeno a los:

a) 10 minutos.
b) 15 minutos.
c) 4 minutos.
d) 1 minuto.

38. La causa más frecuente de parada cardiorrespiratoria en adultos es:

a) Torsades de pointes.
b) FV.

c) FA.

d) Enfermedad terminal.

39. ¿Cuál de las siguientes afirmaciones sobre la valoración de la conciencia es falsa?

a) Es la primera valoración que se realiza en una situación de emergencia.

b) Se realiza mediante una valoración sensitiva y auditiva.

c) Si la víctima responde consideraremos que está consciente.

d) Si la víctima responde de forma anormal o confusa consideraremos que está inconsciente.

40. Para despejar la vía aérea usaremos la técnica de:

a) Tracción mandibular.

b) VOS.

c) Insuflaciones.

d) Dedo en gancho.

41. Un paciente inconsciente que respira:

a) Se deja como está y se avisa a los servicios de emergencias.

b) No hará falta avisar a nadie.

c) Se inicia de forma inmediata las maniobras de RCP.

d) Se coloca en PLS (posición lateral de seguridad).

42. La secuencia correcta entre MCE (masaje cardiaco externo) e insuflaciones es de:

a) 30/2.

b) 15/2.

c) 30/1.

d) Depende del número de reanimadores.

43. El gaspin es:

a) Una técnica de apertura de la vía aérea.

b) Una respiración agónica.

c) Un nivel de conciencia alterado.

d) Una escala para la valoración de la respiración.

44. ¿Cuál de las siguientes afirmaciones sobre el boca a boca es falsa?

a) Debemos tapar los orificios nasales.

b) Debemos sellar la boca del paciente con nuestra boca.

c) Se realizarán 2 insuflaciones cada 30 compresiones.

d) Se realizará una insuflación profunda para mejorar la oxigenación.

45. ¿Cuál de las siguientes afirmaciones sobre el masaje cardiaco externo es falsa?

a) Se realiza en el centro del pecho.
b) Se realiza sobre el tercio inferior del esternón.
c) Se realiza con los brazos oblicuos al cuerpo.
d) Se realiza con el talón de la mano.

46. Consideraremos una obstrucción como parcial si:

a) El paciente no se encuentra atragantado.
b) El paciente puede respirar y toser.
c) El paciente no puede toser.
d) El paciente se encuentra consciente.

47. La maniobra de Heimlich la realizaremos en un paciente:

a) Que presente un OVACE incompleto y esté inconsciente.
b) Que presente un OVACE completo y esté consciente.
c) Que presente un OVACE completo y esté inconsciente.
d) Que no pueda respirar con normalidad.

48. Ante una hemorragia debemos:

a) Dar agua para reponer el volumen perdido.
b) Usar un torniquete.
c) Hacer compresión sobre la herida.
d) Aplicar calor seco.

49. Los torniquetes están indicados en:

a) Amputaciones.
b) Heridas sangrantes.
c) Hemorragias arteriales.
d) Hemorragias venosas.

50. La cánula de Guedel:

a) Es una cánula orofaríngea.
b) Se utiliza para mantener la vía aérea permeable.
c) Es un tubo de plástico abierto en su interior.
d) Todas las respuestas son ciertas.

51. Es un ritmo desfibrilable:

a) TVSP.
b) Asistolia.

c) Sinusal.
d) Bloqueo completo.

52. Si está indicada la descarga con el desfibrilador deberemos estar seguros de que:

a) El ritmo es desfibrilable.
b) El nivel de julios es el correcto.
c) Nadie toca al paciente.
d) El DESA tiene baterías.

53. Para utilizar un ambú de forma correcta debemos situarnos:

a) Detrás de la cabeza del paciente.
b) Entre sus hombros.
c) De rodilla junto a su tórax.
d) En el sitio que podamos.

54. ¿Cuándo se suspende la RCP básica?

a) Cuando la valoración nos indica que el paciente presenta una PCR.
b) Cuando el paciente necesita una descarga eléctrica.
c) Cuando el reanimador está exhausto.
d) Todas las respuestas son ciertas.

55. ¿Cuál de las siguientes funciones se considera propias en una situación de parada cardiorrespiratoria?

a) Alerta del personal.
b) MCE.
c) Ventilación.
d) Todas las respuestas son ciertas.

56. En los/las niños/as las técnicas de RCP se inician con:

a) 30 compresiones.
b) 2 ventilaciones.
c) 5 ventilaciones.
d) 15 compresiones.

57. La secuencia ideal entre compresiones y ventilaciones en los/las niños/as es de:

a) 30/2.
b) 15/2.
c) 30/1.
d) 15/5.

58. La realización de la RCP en niños/as debe hacerse con el/la niño/a:

a) En PLS.
b) En decúbito prono sobre una superficie dura.
c) En decúbito supino sobre una superficie dura.
d) En la posición en la que nos encontramos al paciente evitando la movilización.

59. Para mantener abierta la vía aérea en un lactante la posición de la cabeza debe ser:

a) En hiperextensión.
b) En posición neutra.
c) En hipoextensión.
d) Solo se mantendrá abierta con una cánula orofaríngea.

60. El área de compresión en los lactantes:

a) Es en la línea intermamilar, sobre el esternón.
b) Es en el mismo lugar que en los adultos.
c) Es con 3 dedos sobre la apófisis xifoides.
d) Es justo bajo la apófisis xifoides.

61. En un/una niño/a que presenta una obstrucción de la vía aérea completa deberemos:

a) Iniciar secuencia de RCP.
b) Realizar 5 insuflaciones de rescate.
c) Realizar la maniobra frente–mentón para mantener la vía aérea abierta.
d) Alternar 5 compresiones torácicas con 5 golpes interescapulares.

62. Según el estilo Utstein una PC es:

a) El cese de la actividad mecánica cardiaca, confirmado por la ausencia de pulso detectable, inconsciencia y apnea.
b) La ausencia de la respiración con presencia de actividad cardiaca.
c) La ausencia de respuesta por parte del paciente.
d) El acto de intentar lograr la restauración de la circulación espontánea.

63. No es un ritmo desfibrilable:

a) Fibrilación ventricular.
b) Taquicardia ventricular sin pulso.
c) Asistolia.
d) Todos son ritmos desfibrilables.

64. No es un eslabón de la cadena de supervivencia:

a) RCP básica.
b) Alerta del sistema.
c) Intubación temprana.
d) Desfibrilación precoz.

65. Ante una supuesta situación de PCR lo primero será:

a) Alertar al sistema.
b) Iniciar maniobras de RCP.
c) Realizar una desfibrilación precoz.
d) Identificar la situación.

66. Para valorar la conciencia:

a) Realizaremos la maniobra frente- mentón.
b) Estimularemos auditiva y sensitivamente.
c) Colocaremos el DEA.
d) Realizaremos la maniobra de Heimlich.

67. Ante un paciente inconsciente deberemos:

a) Comprobar la consciencia.
b) Comprobar la respiración.
c) Comprobar la circulación.
d) Iniciar la RCP.

68. La maniobra frente-mentón sirve para:

a) Comprobar la consciencia.
b) Comprobar la respiración.
c) Comprobar la circulación.
d) Resolver una obstrucción del tracto respiratorio.

69. La posición lateral de seguridad sirve para:

a) Prevenir la obstrucción de la vía aérea y la aspiración en caso de vómito.
b) Poder evaluar al enfermo.
c) Liberar la circulación de los MMII.
d) Proteger al paciente en PC mientras se va a buscar ayuda o un DEA.

70. Se conoce como gasping a:

a) La respiración ocasional y agónica que precede a la parada cardiaca.
b) La maniobra que permite liberar la vía aérea.
c) El pulso débil y lento que precede a la parada cardiaca.
d) El centro de llamada europeo para casos de emergencias.

Solución al test n.º 12

1. d) Una emergencia.

2. c) ALEC.

3. d) Todas las respuestas son correctas.

4. b) Presión intracraneal.

5. c) Colocar la parte amputada en una posición funcional y aplicar una cubierta protectora envolviendo el miembro con gasas estériles, pero sin apretarlo tanto que produzca una mayor compresión que comprometa el flujo sanguíneo, cubrir el miembro completamente con una bolsa de plástico impermeable, envolver esta bolsa con una segunda cubierta plástica llena de agua helada o hielo picado cerrándolo con esparadrapo y trasladar al paciente con el miembro elevado.

6. c) Menos del 15 % si son de 2.º grado y menos del 5 % si son de 3.er grado y no afectan a localizaciones especiales.

7. b) Shock hipovolémico, cardiogénico, obstructivo y distributivo.

8. a) El shock hipovolémico.

9. b) Vaciado gástrico, administración de adsorbentes y administración de catárticos.

10. d) El tratamiento consiste en el lavado gástrico y carbón gástrico y la administración intravenosa de flumazenil.

11. c) Valoración respiratoria, circulatoria y neurológica.

12 a) Apertura de ojos, respuesta verbal y respuesta motora.

13. c) La contusión puede provocar desde hombros dolorosos simples hasta hombros congelados con compresión nerviosa, que deberemos valorar.

14. c) Dolor, pérdida de función, deformidad, acortamiento, crepitación, hinchazón local y cambios de color.

15. b) Osificación.

16. d) 2,5 a 5 cm.

17. c) No existe el grado IV de fractura abierta.

18. b) Huésped comprometido.

19. d) 2 y 11 días del posoperatorio.

20. b) Profunda.

21. a) Dolor, hemorragia y separación de los bordes de la piel por la herida.

22. c) Colocar un tapón de gasa humedecido en agua oxigenada en el lugar de la hemorragia e informar al paciente de que debe aprisionarlo fuertemente.

23. b) 60 %.

24. b) La sangre es de color rojo intenso y sale a presión, siendo más acentuada la salida con la sístole cardiaca.

25. c) 50 ml.

26. b) La administración de oxígeno al 100 % (si es necesario en cámara hiperbárica).

27. a) Fármacos hipnótico-sedantes que se emplean sobre todo en el tratamiento del insomnio, la ansiedad, las rigideces musculares y en anestesiología.

28. c) Depresiones que no responden al tratamiento con los antidepresivos cíclicos y también en algunos tipos de neurosis y situaciones de estrés.

29. a) Combatir la infección, favorecer la epitelización y calmar el dolor.

30. b) Estudiando la repercusión a nivel periférico del inadecuado aporte de oxígeno.

31. c) Todos los ciudadanos.

32. a) Un acuerdo a nivel mundial para consensuar definiciones relacionadas con la RCP.

33. a) Se mantiene la circulación espontánea durante 20 minutos.

34. c) Activación de los servicios de emergencia.

35. c) Proteger a nosotros, al paciente y a la zona.

36. a) 112.

37. c) 4 minutos.

38. b) FV.

39. d) Si la víctima responde de forma anormal o confusa consideraremos que está inconsciente.

40. a) Tracción mandibular.

41. d) Se coloca en PLS (posición lateral de seguridad).

42. a) 30/2.

43. b) Una respiración agónica.

44. d) Se realizará una insuflación profunda para mejorar la oxigenación.

45. c) Se realiza con los brazos oblicuos al cuerpo.

46. b) El paciente puede respirar y toser.

47. b) Que presente un OVACE completo y esté consciente.

48. c) Deberemos hacer compresión sobre la herida.

49. a) Amputaciones.

50. d) Todas las respuestas son ciertas.

51. a) TVSP.

52. c) Nadie toca al paciente.

53. a) Detrás de la cabeza del paciente.

54. c) Cuando el reanimador está exhausto.

55. d) Todas las respuestas son ciertas.

56. c) 5 ventilaciones.

57. b) 15/2.

58. c) En decúbito supino sobre una superficie dura.

59. b) En posición neutra.

60. a) Es en la línea intermamilar, sobre el esternón.

61. d) Alternar 5 compresiones torácicas con 5 golpes interescapulares.

62. a) El cese de la actividad mecánica cardiaca, confirmado por la ausencia de pulso detectable, inconsciencia y apnea.

63. c) Asistolia.

64. c) Intubación temprana.

65. d) Identificar la situación.

66. b) Estimularemos auditiva y sensitivamente.

67. b) Comprobar la respiración.

68. d) Resolver una obstrucción del tracto respiratorio.

69. a) Prevenir la obstrucción de la vía aérea y la aspiración en caso de vómito.

70. a) La respiración ocasional y agónica que precede a la parada cardiaca.

TEST N.º 13

Factores que favorecen o dificultan la adaptación de la persona usuaria a un centro sociosanitario de carácter residencial

1. ¿Qué habilidades se incluyen en el área de intervención de "higiene personal"?

a) Actividades básicas del lavado personal.
b) Actividades recreativas y deportivas.
c) Actividades para mejorar la imagen personal.
d) Todas las anteriores.

2. ¿Qué implica el área de intervención de "vestido"?

a) Desarrollar habilidades manipulativas y de coordinación para vestirse solo.
b) Saber qué ponerse según el tiempo y el lugar.
c) Las opciones a) y b) son correctas.
d) Ninguna de las anteriores.

3. ¿Cuál es uno de los factores que pueden dificultar la adaptación en un centro sociosanitario?

a) La falta de recursos económicos y materiales.
b) La falta de compromiso del personal del centro.
c) La falta de habilidades personales y hábitos adecuados.
d) Todas las anteriores.

4. ¿Qué se entiende por "plan individual para el entrenamiento de habilidades de autonomía personal"?

a) Un plan para mejorar la calidad de vida en un centro sociosanitario.
b) Un plan para capacitar al personal del centro en habilidades sociales.
c) Un plan individualizado para entrenar a una persona usuaria en habilidades necesarias para vivir independientemente.
d) Ninguna de las anteriores.

5. ¿Qué se entiende por "programa de intervención"?

a) Un plan individualizado para el entrenamiento en habilidades de autonomía personal.
b) Un plan para mejorar la calidad de vida de las personas usuarias en un centro sociosanitario.
c) Un plan para capacitar al personal del centro en habilidades sociales.
d) Todas las anteriores.

6. ¿Cuál es el principal objetivo de un programa de intervención en un centro sociosanitario?

a) Proporcionar atención médica especializada.
b) Mejorar la calidad de vida de las personas usuarias.
c) Reducir los costos del centro sociosanitario.
d) Aumentar el número de personas usuarias del centro.

7. ¿Cuál es la diferencia entre autonomía y dependencia?

a) La autonomía se refiere a la necesidad de atenciones por parte de otras personas, mientras que la dependencia se refiere a la capacidad de las personas para tomar decisiones.
b) La autonomía se refiere a la capacidad de las personas para tomar decisiones, mientras que la dependencia se refiere a la necesidad de atenciones por parte de otras personas.
c) La autonomía y la dependencia son términos sinónimos.
d) La autonomía y la dependencia son términos opuestos, pero no tienen relación con las decisiones o acciones de las personas.

8. ¿Cuál es una de las acepciones del término habilidades en la literatura pedagógica y psicológica?

a) La capacidad de utilizar creadoramente los conocimientos y hábitos en la actividad teórica.
b) La asimilación por el sujeto de los modos de realización de la actividad.
c) El dominio de un sistema complejo de actividades psíquicas, lógicas y prácticas.
d) Todas las anteriores.

9. ¿Qué significa el término habilidades adaptativas?

a) Un conjunto de habilidades conceptuales, sociales y prácticas aprendidas por las personas para funcionar en su vida diaria.
b) El sistema de acciones y operaciones dominado por el sujeto que responde a un objetivo.
c) La capacidad adquirida por el hombre para utilizar creadoramente sus conocimientos y hábitos tanto en el proceso teórico como práctico.
d) El dominio de un sistema complejo de actividades psíquicas, lógicas y prácticas necesarias para la regulación conveniente de la actividad.

10. ¿Por qué el cerebro intenta convertir casi toda rutina en un hábito?

a) Para ahorrar energía.
b) Para gastar más energía.
c) Para ser más creativo.
d) Para ser más eficiente.

11. ¿Qué ventaja tiene un cerebro eficiente en relación con los hábitos?

a) Permite pensar constantemente en conductas básicas.
b) Permite descansar menos a menudo.
c) Permite dedicar la energía mental a otras tareas más complejas.
d) No tiene ninguna ventaja.

12. ¿Por qué el cerebro humano busca estabilidad en la conducta?

a) Para generar ansiedad.
b) Para ser más creativo.
c) Porque la incertidumbre es segura.
d) Porque lo predecible es seguro.

13. ¿Qué son las rutinas?

a) Conductas que se han vuelto automáticas.
b) Conductas que generan ansiedad.
c) Conductas que cambian constantemente.
d) Conductas que no se pueden aprender diariamente.

14. ¿Cuándo tienen lugar los aprendizajes más importantes para la adquisición de habilidades de autonomía personal?

a) Durante la adolescencia.
b) Durante la adultez.
c) Durante los primeros 6 años de vida.
d) Durante la vejez.

15. ¿Por qué es fundamental la adquisición de un vínculo afectivo entre los mayores y los niños para adquirir autonomía?

a) Porque los mayores no pueden enseñar sin un vínculo afectivo.
b) Porque el deseo de querer ser como sus mayores mueve a los niños.
c) Porque los niños no pueden aprender sin un vínculo afectivo.
d) Porque el vínculo afectivo no es importante para adquirir autonomía.

16. ¿En qué consiste la técnica de aproximaciones sucesivas (Shaping) para el desarrollo de habilidades de autonomía personal?

a) Unir una conducta ya existente con otra nueva para ir construyendo nuevas habilidades.
b) Enseñar una habilidad completa desde el principio.
c) Fragmentar la habilidad en pasos más simples que se enlazan hasta llegar a la conducta final.
d) Ignorar cualquier conducta que no sea la deseada.

17. ¿En qué consiste la técnica de encadenamiento (Chaining)?

a) Unir una conducta ya existente con otra nueva para ir construyendo nuevas habilidades.
b) Dividir la conducta en pequeñas unidades y programar desde un principio la meta deseada y todos sus pasos correspondientes.
c) Ignorar cualquier conducta que no sea la deseada.
d) Reforzar cualquier manifestación de conducta que se aproxime a la conducta deseada.

18. ¿Cuál es la premisa fundamental para el funcionamiento del encadenamiento (Chaining)?

a) Que se refuerce cualquier manifestación de conducta que se aproxime a la conducta deseada.
b) Que se ignore cualquier conducta que no sea la deseada.
c) Que existan ya en el repertorio conductual del individuo los elementos parciales de conducta que han de ser empalmados entre sí.
d) Que se divida la conducta en pequeñas unidades y se programe desde un principio la meta deseada y todos sus pasos correspondientes.

19. ¿Qué es el reforzamiento negativo?

a) La presentación de un estímulo aversivo o desagradable para disminuir una conducta.
b) La retirada de un estímulo agradable para disminuir una conducta.
c) La presentación de un estímulo agradable para aumentar una conducta.
d) La retirada de un estímulo aversivo o desagradable para aumentar una conducta.

20. ¿Cuáles son algunos de los instrumentos y técnicas de evaluación de autonomía personal y autorregulación que se mencionan en la página?

a) La entrevista y la observación.
b) La observación y las escalas estandarizadas.
c) Las escalas estandarizadas y la autoobservación.
d) La entrevista y las escalas estandarizadas.

21. ¿Cuáles son las áreas que se incluyen más frecuentemente en las escalas y métodos de evaluación de la dependencia mencionados en la página?

a) La necesidad de ayudas técnicas para la movilidad y las actividades de autocuidado.
b) Las actividades de autocuidado y las actividades de movilidad.
c) La necesidad de ayudas técnicas para la movilidad, las actividades de autocuidado y las actividades de movilidad.
d) Las actividades cotidianas y la necesidad de apoyo para desarrollarlas.

22. ¿Por qué son importantes los objetivos en un programa de entrenamiento de habilidades de autonomía personal?

a) Porque son la base de la intervención y los referentes de la evaluación de los resultados.
b) Porque son una guía para el paciente durante el entrenamiento.
c) Porque son una forma de medir la dependencia del paciente.
d) Porque son una forma de evaluar al terapeuta.

Solución al test n.º 13

1. a) Actividades básicas del lavado personal.

2. c) Las opciones a) y b) son correctas.

3. d) Todas las anteriores.

4. c) Un plan individualizado para entrenar a una persona usuaria en habilidades necesarias para vivir independientemente.

5. d) Todas las anteriores.

6. b) Mejorar la calidad de vida de las personas usuarias.

7. b) La autonomía se refiere a la capacidad de las personas para tomar decisiones, mientras que la dependencia se refiere a la necesidad de atenciones por parte de otras personas.

8. d) Todas las anteriores.

9. a) Un conjunto de habilidades conceptuales, sociales y prácticas aprendidas por las personas para funcionar en su vida diaria.

10. a) Para ahorrar energía.

11. c) Permite dedicar la energía mental a otras tareas más complejas.

12. d) Porque lo predecible es seguro.

13. a) Conductas que se han vuelto automáticas.

14. c) Durante los primeros 6 años de vida.

15. b) Porque el deseo de querer ser como sus mayores mueve a los niños.

16. c) Fragmentar la habilidad en pasos más simples que se enlazan hasta llegar a la conducta final.

17. b) Dividir la conducta en pequeñas unidades y programar desde un principio la meta deseada y todos sus pasos correspondientes.

18. c) Que existan ya en el repertorio conductual del individuo los elementos parciales de conducta que han de ser empalmados entre sí.

19. d) La retirada de un estímulo aversivo o desagradable para aumentar una conducta.

20. b) La observación y las escalas estandarizadas.

21. c) La necesidad de ayudas técnicas para la movilidad, las actividades de autocuidado y las actividades de movilidad.

22. a) Porque son la base de la intervención y los referentes de la evaluación de los resultados.

Principios éticos: actitudes y valores a desarrollar durante el desempeño de la labor diaria del personal con categoría de Auxiliar de Clínica a personas dependientes

1. ¿A qué se denomina la parte del conocimiento humano que trata y se interesa de los principios y los conceptos base que están o deberían estar en el pensamiento y actividad humanos?

a) Filosofía.
b) Humanidades.
c) Psicología.
d) Ética.

2. ¿Cuándo aparece el primer código deontológico de enfermería?

a) En época de Galeno.
b) En época de Hipócrates.
c) En 1893 (Hospital Harper-Detroit).
d) Cuando aparece el primer código deontológico médico.

3. La primera formulación a nivel ético e importante la constituye:

a) El «Juramento Hipocrático».
b) El «Juramento Sardónico».
c) Reglas de Moralidad de la Junta Suprema de Sanidad Española.
d) Declaración de Ginebra.

4. Todo lo que se expone de las características de las normas éticas es cierto, excepto:

a) Las normas han de cumplirse obligatoriamente, están positivadas y obviamente están ligadas al Estado.
b) Su cumplimiento o no, no tiene repercusión social ni jurídica.
c) Son cumplidas mediante el convencimiento interno.
d) Se pueden plasmar escritas en códigos deontológicos cuyo cumplimiento es exigido de alguna manera por organizaciones colegiales o asociaciones profesionales.

5. ¿Qué aspecto o cuestión posee valor extrínseco?

a) Aire.
b) Agua.
c) Salud.
d) Alimentos.

6. Una desacreditación de una persona por medio de manifestaciones o declaraciones públicas para hacerle perder su reputación es:

a) Difamación.
b) Calumnia.
c) Negligencia.
d) Agresión.

7. ¿Cómo se denomina cuando un asalto se produce de forma que se toca o afecta el cuerpo de otra persona sin su debido consentimiento?

a) Agravio.
b) Imprudencia.
c) Negligencia.
d) Agresión.

8. ¿Qué componente de Mayeroff es aquel que nos indica que el cuidado se llevará a cabo entre un continuum entre experiencias pasadas y la situación presente, entre la atención concreta y pormenorizada y la atención global?

a) Paciencia.
b) Honestidad.
c) Alternancia del ritmo.
d) Conocimiento.

9. ¿Qué afirmación es correcta?

a) La ética no es una materia subjetiva.
b) Para la solución de los problemas éticos se necesita la aplicación de un proceso ilógico pero moral.
c) La solución de los problemas éticos o morales que se plantean en la práctica clínica no requiere una intervención por parte del personal sanitario con el fin de solucionarlos.
d) No es necesaria la aplicación de un método científico en la práctica de enfermería, ya que con la ética se solucionan los problemas que surjan.

10. ¿Qué modalidad de ética es aquella que supone la comprensión de lo que define a una profesión y sus funciones, establece si esta profesión constituye o no nuestro absoluto profesional y adecua nuestro comportamiento según ese absoluto profesional elegido?

a) Ética laboral.
b) Ética profesional.
c) Ética personal.
d) Ética global.

11. ¿Qué tipo de relación asistencia en enfermería es aquella que mantienen dos o más personas y de la que se sigue un producto o fin?

a) Relación primaria.
b) Relación laboral.
c) Relación secundaria.
d) Relación profesional.

12. ¿Cómo se denomina aquella relación terapéutica que mantienen dos o más personas y de la que se sigue un producto o fin, donde se supone que el profesional de enfermería debe situarse en el papel del enfermo, para, desde esa situación, poder establecer una distancia y aportar salud en la medida de lo posible?

a) Relación primaria y simpática.
b) Relación secundaria y simpática.
c) Relación primaria y empática.
d) Relación secundaria y empática.

13. Toda investigación o experimentación realizada en seres humanos debe hacerse de acuerdo con los principios éticos básicos de:

a) Respeto a las personas y a los animales.
b) Respeto a las personas y búsqueda del bien.
c) Respeto a las personas, búsqueda de la justicia y respeto a los animales.
d) Respeto a las personas, búsqueda del bien y de la justicia.

14. ¿En qué documento normativo el sujeto debe expresar voluntariamente su intención de participar en el ensayo clínico, después de haber comprendido los objetivos del estudio, beneficios, incomodidades y riesgos previstos, alternativas posibles, derechos y responsabilidades?

a) De últimas voluntades.
b) De protección de datos.
c) De consentimiento informado.
d) De experimentación humana permitida.

15. ¿Qué concepto se refiere a la forma en que un individuo percibe los requisitos necesarios para que las personas vivan en sociedad y cómo responde a ellos?

a) Biosociología.
b) Conducta moral.
c) Moralidad.
d) Desarrollo moral.

16. Con los requisitos necesarios para que las personas vivan en sociedad nos referimos a:

a) La autonomía.
b) La confidencialidad.
c) El consentimiento.
d) La moralidad.

17. ¿Qué principio ético incumple el encarnizamiento u obstinación terapéutica?

a) Principio de autonomía.
b) Principio de no maleficencia.
c) Principio de beneficencia.
d) Principio de justicia.

18. ¿Qué es falso de la relación clínica basada en el modelo informativo?

a) En términos técnicos se informa al usuario para que pueda elegir la intervención que desee, y que el facultativo llevará a cabo.
b) Concibe la autonomía del usuario/paciente.
c) El médico proporciona toda la información relevante al paciente.
d) El paciente no participa en la toma de decisiones médicas.

19. ¿Qué normativa es la que regula el aborto en nuestro país?

a) Ley Orgánica 2/2010.
b) Ley 41/2002.
c) Ley Orgánica 15/1999.
d) Ley Orgánica 10/1995.

20. ¿Qué es el estado de bienestar físico, psicológico y sociocultural relacionado con la sexualidad, que requiere un entorno libre de coerción, discriminación y violencia?

a) Salud.
b) Salud sexual.
c) Salud de gestante.
d) Salud reproductiva.

21. ¿Cómo se denomina la omisión planificada de los cuidados que facilita la muerte del paciente, que seguramente si estos se dieran prolongarían la vida del enfermo?

a) Distanasia.
b) Eutanasia activa.
c) Ortotanasia.
d) Eutanasia pasiva.

22. Según nuestra normativa, al que coopere con actos necesarios al suicidio de una persona se le impondrá la pena de prisión de:

a) 2 a 5 años.
b) 4 a 8 años.
c) 5 a 10 años.
d) No se le impondrá pena alguna.

23. ¿Qué tipo de actuación relacionada con la muerte está en España considerada como conducta delictiva?

a) Distanasia.
b) Eutanasia activa.
c) Ortotanasia.
d) Ninguna de las anteriores.

24. El que induzca al suicidio de otro será castigado con la pena de prisión de:

a) 2 a 5 años.
b) 4 a 8 años.
c) 5 a 10 años.
d) No se le impondrá pena alguna.

25. ¿Cómo se denomina el acto clínico que consiste en el examen realizado sobre el cadáver de una persona fallecida a causa de enfermedad, que tiene como objetivo final la confirmación de las causas de la muerte?

a) Ortotanasia.
b) Autopsia clínica.
c) Autopsia médico-forense.
d) Distanasia.

26. ¿Qué documento es necesario que se expida tras un óbito para acreditar de forma fehaciente el fallecimiento de su causante y se envía inmediatamente al Registro Civil?

a) Certificado de defunción.
b) Certificado de últimas voluntades.
c) Testamento vital.
d) Certificado de autopsia.

27. El examen realizado sobre el cadáver de una persona fallecida a causa de enfermedad, que tiene como objetivo final la confirmación de las causas de la muerte, se denomina:

a) Autopsia clínica.
b) Autopsia médico-forense.
c) Autopsia legal.
d) Autopsia premorten.

28. Las lesiones imprudentes constitutivas de delito se regulan en el Código Penal en el artículo:

a) 142.
b) 145.
c) 152.
d) 155.

29. ¿Cómo es considerada la imprudencia simple o leve?

a) Como delito grave.
b) Como falta.
c) Como falta y delito.
d) Como delito leve.

30. En el aborto imprudente, la pena de inhabilitación sería de:

a) Seis meses a un año.
b) Uno a tres años.
c) Tres a seis años.
d) Seis a diez años.

31. Está obligado a guardar secreto profesional:

a) El médico especialista.
b) El médico y el técnico especialista.
c) Todos los que intervengan en la acción sanitaria del paciente.
d) El médico, el técnico especialista, el enfermero y el TCAE.

32. El tiempo de vigencia del secreto profesional es hasta:

a) La duración de la relación con el paciente.
b) Toda la vida del paciente.
c) Los tres meses después de la relación con el paciente.
d) Incluso hasta después de la muerte del paciente.

33. ¿Qué condición es aquella que posee el secreto profesional del deber de guardar el hecho conocido cuando este pueda producir resultados nocivos o injustos sobre el paciente si se viola el mismo?

a) Condición moral.
b) Condición jurídica.
c) Condición legal.
d) Condición legítima.

34. ¿Qué circunstancia para el TCAE no es objeto de secreto profesional?

a) Confidencias del paciente, aunque sean ajenas a lo profesional.
b) Los datos sobre salud y enfermedad del paciente.
c) Cuando reconozca a un cadáver que se sospeche que ha podido morir como consecuencia de algún acto delictivo, en tal caso, se da parte a la justicia.
d) Todos los datos que se conocen por causa del trabajo realizado con o sin autorización y consentimiento del paciente.

35. ¿En qué artículo de la Constitución española se establece que la ley regulará el derecho a la cláusula de conciencia y al secreto profesional en el ejercicio de estas libertades?

a) En el artículo 18.
b) En el artículo 19.
c) En el artículo 20.
d) En el artículo 21.

36. El hecho del quebranto de la debida reserva respecto a datos relativos al centro o institución o a la intimidad personal de los usuarios y a la información relacionada con su proceso y estancia en las instituciones o centros sanitarios, recogido en el Estatuto Marco del personal estatutario de los Servicios de Salud es considerado como constitutivo de:

a) Delito a la salud.
b) Falta disciplinaria muy grave.
c) Falta disciplinaria grave.
d) Falta disciplinaria leve.

37. La violación del secreto profesional puede ocasionar:

a) Exclusivamente responsabilidad civil.
b) Exclusivamente responsabilidad penal.
c) Responsabilidad civil y responsabilidad penal.
d) Responsabilidad profesional o estatutaria, responsabilidad civil y responsabilidad penal.

38. ¿En qué circunstancias de estas el sanitario puede romper el secreto profesional?

a) Cuando haya peligro para la Salud Pública o esté en juego la vida de terceras personas.

b) Cuando declara como imputado en una causa penal.

c) En aquellos en los que atienden a personas que no hayan podido ser víctimas de un delito, pero sí de un hecho irresponsable, sin grandes consecuencias, pero debe conocerse.

d) En todas las circunstancias anteriores.

39. ¿En qué circunstancias los profesionales sanitarios no están sujetos a guardar el secreto profesional?

a) Cuando la información tratada del enfermo es de índole doméstica.

b) Ante la denuncia de hechos constitutivos de delito o cuando comparece como testigo.

c) Cuando ha pasado un período de tiempo sustancial, el secreto profesional no tiene efectos.

d) Están sujetos siempre a guardar el mismo.

Solución al test n.º 14

1. d) Ética.

2. c) En 1893 (Hospital Harper-Detroit).

3. a) El «Juramento Hipocrático».

4. a) Las normas han de cumplirse obligatoriamente, están positivadas y obviamente están ligadas al Estado.

5. c) Salud.

6. a) Difamación.

7. d) Agresión.

8. c) Alternancia del ritmo.

9. a) La ética no es una materia subjetiva.

10. b) Ética profesional.

11. c) Relación secundaria.

12. d) Relación secundaria y empática.

13. d) Respeto a las personas, búsqueda del bien y de la justicia.

14. c) De consentimiento informado.

15. b) Conducta moral.

16. d) La moralidad.

17. b) Principio de no maleficencia.

18. d) El paciente no participa en la toma de decisiones médicas.

19. a) Ley Orgánica 2/2010.

20. b) Salud sexual.

21. d) Eutanasia pasiva.

22. a) 2 a 5 años.

23. b) Eutanasia activa.

24. b) 4 a 8 años.

25. b) Autopsia clínica.

26. a) Certificado de defunción.

27. a) Autopsia clínica.

28. c) 152.

29. b) Como falta.

30. b) Uno a tres años.

31. c) Todos los que intervengan en la acción sanitaria del paciente.

32. d) Incluso hasta después de la muerte del paciente.

33. a) Condición moral.

34. c) Cuando reconozca a un cadáver que se sospeche que ha podido morir como consecuencia de algún acto delictivo, en tal caso, se da parte a la justicia.

35. c) En el artículo 20.

36. b) Falta disciplinaria muy grave.

37. d) Responsabilidad profesional o estatutaria, responsabilidad civil y responsabilidad penal.

38. a) Cuando haya peligro para la Salud Pública o esté en juego la vida de terceras personas.

39. b) Ante la denuncia de hechos constitutivos de delito o cuando comparece como testigo.

Prevención y control de infecciones. Procedimientos de aislamiento y prevención de enfermedades transmisibles, el papel del personal con categoría de Auxiliar de Clínica

1. La persona con capacidad padecer una enfermedad infecciosa se denomina técnicamente:

a) Portador enfermo.
b) Portador sano o asintomático.
c) Huésped susceptible.
d) Huésped refractario.

2. La Epidemiología de las enfermedades transmisibles estudia los factores que van a relacionar el agente causal con...

a) El portador.
b) El ambiente.
c) El sujeto o huésped susceptible.
d) El reservorio.

3. ¿Cuál de estas afirmaciones no es correcta respecto a los postulados de Koch?

a) Siempre debemos encontrar el microorganismo en la enfermedad.
b) Se debe aislar, pero no se cultiva desde las lesiones.
c) Se reproduce la enfermedad al inocular un cultivo puro a un animal susceptible.
d) El microorganismo debe dar lugar a una respuesta inmune detectable en laboratorio.

4. ¿Cómo se denomina la relación de interacción entre agente causal y huésped cuando existe beneficio para el agente o el huésped, pero sin perjuicio para el otro?

a) Saprofitismo.
b) Simbiosis.
c) Parasitismo.
d) Comensalismo.

5. ¿Cómo se denomina la capacidad del agente etiológico para extenderse?

a) Contagiosidad.
b) Infectividad.
c) Patogenicidad.
d) Virulencia.

6. Generalmente la fuente de la enfermedad transmisible suele ser la misma que:

a) El reservorio.
b) El portador sano.
c) El huésped susceptible.
d) El huésped refractario.

7. El suelo en la cadena epidemiológica se comporta como:

a) Reservorio exclusivamente.
b) Mecanismo de transmisión exclusivamente.
c) Reservorio o mecanismo de transmisión.
d) Huésped refractario o vía de contagio.

8. ¿A qué hace referencia la definición: "Todo ser animado o inanimado, en los que el agente etiológico se reproduce y se perpetúa en un ambiente natural del que depende para su supervivencia"?

a) Reservorio.
b) Fuente de infección.
c) Fuente de contagio.
d) Fuente adicional.

9. ¿Qué es la tasa de prevalencia?

a) Nº de personas portadoras en un período/nº de personas observadas en el período x meses de observación.
b) Nº de casos positivos/personas totales en un período específico.
c) Nº de casos negativos/nº de análisis realizados.
d) Ninguna es correcta.

10. ¿Cuál de estas opciones no es un mecanismo de transmisión indirecta de una enfermedad?

a) Por el aire.
b) Por arañazos.
c) Baños.
d) Artrópodos.

11. Existe reservorio telúrico cuando existe transmisión al hombre por medio de:

a) El suelo.
b) El agua.
c) Fómites.
d) Todo lo anterior es cierto.

12. ¿Cuál es la distancia mínima para que se produzca una transmisión directa de una infección por vía aérea, aunque propiamente no exista contacto directo?

a) 1 metro.
b) 2 metros.
c) 3 metros.
d) 4 metros.

13. ¿Qué vía de transmisión de estas es la más frecuente?

a) Transplacentaria.
b) Por bebida de fuente contaminada o comida contaminada.
c) Por vía aérea.
d) Por vía venérea.

14. ¿Cuál es el último eslabón de la cadena epidemiológica?

a) Huésped susceptible (con capacidad de enfermar).
b) Huésped refractario (sin capacidad de enfermar).
c) Fuente.
d) Vector.

15. ¿Qué afirmación es incorrecta en relación a las infecciones relacionadas con la asistencia sanitaria (IRAS)?

a) Son una causa mayor de mortalidad y de sufrimiento para los pacientes.
b) Son fáciles de tratar, a pesar de estar causadas por bacterias multirresistentes (BMR).
c) Incluyen a la infección nosocomial clásica, más las infecciones adquiridas por pacientes de la comunidad en contacto con la asistencia sanitaria.
d) Generan gran frustración a los profesionales sanitarios e incrementa de forma considerable el gasto económico.

16. ¿Qué Servicio o Unidad de Hospitalización presenta la mayor prevalencia de infecciones hospitalarias?

a) UCI.
b) Rehabilitación.
c) Cardiología.
d) Consultas Externas.

17. ¿Cómo se denomina la infección causada por microorganismos pertenecientes a la propia flora comensal del paciente?

a) Exógena.
b) Ecológica.
c) Endógena.
d) Es imposible que esta se dé.

18. ¿A qué se asocia en mayor porcentaje el origen de las infecciones urinarias de tipo nosocomial? Se asocia a…

a) Heridas durante el esfuerzo de orinar.
b) Contactos directos del personal de enfermería con el paciente.
c) Manipulaciones instrumentales de las vías urinarias (sondaje vesical).
d) Fómites del cuarto de aseo del paciente.

19. ¿Cuál es la principal medida preventiva para evitar las infecciones cruzadas en el hospital?

a) Lavado de mano quirúrgico.
b) Lavado de mano higiénico.
c) Lavado de mano especial.
d) Lavado de mano antiséptico.

20. ¿Qué medida no es preventiva de las infecciones respiratorias de tipo nosocomial?

a) Esterilizar los broncoscopios cada vez que se utilicen.
b) Utilizar tubos endotraqueales estériles y desechables.
c) Realizar traqueotomías con frecuencia.
d) Favorecer los tratamientos posturales y hacer fisioterapia respiratoria, motivando al paciente para que aproveche al máximo su capacidad pulmonar.

Solución al test n.º 15

1. c) Huésped susceptible.

2. c) El sujeto o huésped susceptible.

3. b) Se debe aislar, pero no se cultiva desde las lesiones.

4. d) Comensalismo.

5. a) Contagiosidad.

6. a) El reservorio.

7. c) Reservorio o mecanismo de transmisión.

8. a) Reservorio.

9. b) Nº de casos positivos/personas totales en un período específico.

10. b) Por arañazos.

11. d) Todo lo anterior es cierto.

12. a) 1 metro.

13. c) Por vía aérea.

14. a) Huésped susceptible (con capacidad de enfermar).

15. b) Son fáciles de tratar, a pesar de estar causadas por bacterias multirresistentes (BMR).

16. a) UCI.

17. c) Endógena.

18. c) Manipulaciones instrumentales de las vías urinarias (sondaje vesical).

19. b) Lavado de mano higiénico.

20. c) Realizar traqueotomías con frecuencia.

TEST N.º 16

Constantes vitales: conceptos, equipos, técnicas y registros

1. ¿En la toma de qué constante vital no hay que avisar al enfermo acerca de lo que se le va a hacer?

a) Temperatura.
b) Pulso.
c) Respiración.
d) Tensión arterial.

2. ¿Qué afirmación es incorrecta de las acciones a seguir por el TCAE, cuando se observa alguna cuestión fuera de lo normal en la toma de constantes vitales?

a) Nunca debe dejar registrado su nombre en la hoja de incidencias de enfermería pero siempre el del paciente.
b) Debe dejar constancia por escrito en la hoja de incidencias de enfermería de todo aquello que sea considerado como fuera de lo normal.
c) Debe informar objetivamente al enfermero/a responsable del paciente de todo aquello que sea considerado como fuera de lo normal.
d) Debe dejar por escrito en la hoja de incidencias de enfermería la hora a la que se ha realizado la observación y el día que ha ocurrido, así como cuál ha sido su actuación ante aquello considerado como fuera de lo normal.

3. En el área de pediatría y urgencias en hospitales se está implantando el termómetro de:

a) Columna de mercurio.
b) Columna de galio.
c) Cristal de mercurio.
d) Sensor timpánico.

4. La temperatura bucal se puede tomar en:

a) Niños menores de 6 años.
b) Pacientes en coma.

c) Pacientes con agitación psicomotriz.
d) Niños mayores de 6 años.

5. Existe taquicardia por encima de:

a) 75 pulsaciones/minuto.
b) 85 pulsaciones/minuto.
c) 95 pulsaciones/minuto.
d) 100 pulsaciones/minuto.

6. ¿Cómo se denomina aquel pulso que se percibe con facilidad y que produce gran amplitud en el vaso que se palpa?

a) Fuerte.
b) Pleno.
c) Rebotante.
d) Filiforme.

7. El pulso central o apical se toma:

a) En la punta del corazón.
b) En la zona central del muslo.
c) En el cuello (es sinónimo del yugular).
d) En la zona central del brazo.

8. ¿Cuál de estas consideras una razón sustancial y etiopatogénica para tomar el pulso?

a) Para valorar la frecuencia, el ritmo, el volumen y la tensión del pulso, que pueden reflejar un problema general.
b) Para identificar a un sujeto.
c) Para valorar el estado de salud del sujeto.
d) Para conocer la edad del individuo.

9. ¿Cuál de estas es considerada una posición adecuada para tomar el pulso?

a) Posición de bipedestación.
b) Posición de sentado.
c) Posición de decúbito prono.
d) Son válidas las respuestas a) y b).

10. La ausencia de respiración se denomina:

a) Apnea.
b) Hipernea.

c) Ortopnea.
d) Ripnea.

11. La serie de respiraciones irregulares en profundidad, interrumpidas por intervalos de apnea se denomina respiración de:

a) Biot.
b) Bouchut.
c) Kussmaul.
d) Cheyne-Stokes.

12. ¿En qué tipo de gráficas existe un apartado también para la medicación?

a) En Gráficas mensuales.
b) En Gráficas semanales.
c) En Gráficas ordinarias.
d) En Gráficas especiales.

13. En ausencia de patología, en el ritmo respiratorio normal la fase inspiratoria es más corta que la espiratoria en una proporción:

a) 2:1.
b) 3:1.
c) 4:1.
d) 5:1.

14. En un adulto joven y sano la presión sistólica es de:

a) 180 mmHg.
b) 155 mmHg.
c) 130 mmHg.
d) 100 mmHg.

15. La temperatura ambiente a la hora de tomar la tensión arterial debe estar sobre los:

a) 10 ºC.
b) 22 ºC.
c) 30 ºC.
d) 35 ºC.

16. La hipotensión postural se denomina también:

a) Idiopática.
b) Esencial.
c) Ortostática.
d) Paradójica.

17. Los valores normales para la vena cava de PVC es de:

a) 0 y 4 cm de H_2O.
b) 2 y 6 cm de H_2O.
c) 6 y 12 cm de H_2O.
d) 14 a 20 cm de H_2O.

18. ¿Cuál es el componte más importante del cuerpo humano?

a) El sodio.
b) El postasio.
c) El agua.
d) La sal.

19. El espacio situado entre las células se denomina espacio:

a) Extracelular.
b) Intracelular.
c) Intersticial.
d) Intravascular.

20. ¿Cuál es el catión más abundante en el espacio intracelular?

a) Sodio.
b) Hidrógeno.
c) Potasio.
d) Cloruro.

21. ¿Cómo se denomina la presión que la sangre ejerce en el interior de las venas que entran en el corazón?

a) Presión arterial central (PAC).
b) Presión diastólica (PD).
c) Presión venosa central (PVC).
d) Tensión arterial (TA).

22. ¿De cuántas personas se requiere para tomar el pulso apical-radial?

a) De 1 persona.
b) De 2 personas.
c) De 3 personas.
d) De ninguna, lo hace una máquina.

23. ¿Qué circunstancia o fase que se da en la respiración nos permite tomar esta constante?

a) El ritmo respiratorio.
b) La inspiración.
c) La espiración.
d) La suspiración.

24. La TA se mide en:

a) mm de Hg.
b) mm de Ag.
c) Bares.
d) Pascales.

25. ¿Qué materia no necesitaremos para la toma de la PVC?

a) Tensiómetro.
b) Llave de tres pasos.
c) Envase de suero fisiológico.
d) Vía central canalizada, bien con acceso central o periférico.

Solución al test n.º 16

1. c) Respiración.

2. a) Nunca debe dejar registrado su nombre en la hoja de incidencias de enfermería pero siempre el del paciente.

3. d) Sensor timpánico.

4. d) Niños mayores de 6 años.

5. d) 100 pulsaciones/minuto.

6. b) Pleno.

7. a) En la punta del corazón.

8. a) Para valorar la frecuencia, el ritmo, el volumen y la tensión del pulso, que pueden reflejar un problema general.

9. b) Posición de sentado.

10. a) Apnea.

11. a) Biot.

12. d) En Gráficas especiales.

13. b) 3:1.

14. c) 130 mmHg.

15. b) 22 ºC.

16. c) Ortostática.

17. c) 6 y 12 cm de H_2O.

18. c) El agua.

19. c) Intersticial.

20. c) Potasio.

21. c) Presión venosa central (PVC).

22. b) De 2 personas.

23. b) La inspiración.

24. a) mm de Hg.

25. a) Tensiómetro.

Cómo acceder al Curso

Auxiliar de Clínica
Test del temario

El uso de los códigos **es exclusivo de los compradores de los productos de Editorial MAD**. Cada producto posee un código único y de un solo uso. Es personal e intransferible y da acceso a servicios y contenidos adicionales. Editorial MAD se reserva el derecho de hacer cuantas comprobaciones sean necesarias para identificar al legítimo poseedor del código y dejar de dar servicio a quien haga uso fraudulento del mismo, además de emprender cuantas acciones legales estime oportunas según la legislación vigente.

Deberás acceder a:

mad.es/registro-campus

Si una vez aceptadas las condiciones de uso del Campus decides hacer uso del mismo, necesitarás del siguiente código de acceso junto con los códigos del resto de títulos que se exigen (si fuera el caso):

T6ZPV2M3Y7